大展好書 好書大展

大展好書 好書大展

心靈雅集

58

佛教史入門

塚本啟祥/著
劉欣如/譯

大展出版社有限公司
DAH-JAAN PUBLISHING CO., LTD.

前言

自從釋尊在印度創立佛教以來，歷經兩千又好幾百年，佛教傳到廣大的亞洲地區，跟當地社會與文化形成錯縱複雜的關係，致使那裡的精神文化也呈現各種模式。因此，若要將佛教規定在一個範疇內來探討，幾乎是不可能的事。不過，我們所要理解的佛教，無疑是傳到日本後，紮根於日本土壤下而生長出來的日本佛教才是根本課題。

各派宗祖所說的教理，都變成日本佛教諸宗諸派的本質理念，至今依舊傳承下來，而他們到底怎樣適應在現代社會，具非具體化不可呢？這的確是應該問的課題。過去諸位宗祖站在各自的立場回到釋尊的本懷來答覆這個問題，而開創了新宗派。

因此，為了要發現佛教處於現代社會的新適應及其方法，就要回到佛教的起源，必須從兩千又好幾百年的佛教史的脈動中尋求其可能原理。

我撰寫本書的目的是為了一般學生，而不是以專習佛教的人為對象。因此，為了要使他們明白佛教的基本立場，便以印度佛教——即初期佛教，部派佛教和大乘佛教為骨幹，從政治、社會、經濟和文化等角度來敘述它們的背景或歷史基礎；這一來，就能明白掌握到這些佛教所以能形成的必然因素了。同時論述這些佛教的支持者——教團的實態及其基本思考的變遷。

最後一章附加「現代社會與佛教」，旨在敘述自己的管見——佛教在現代社會的展望，僅此而已。本書能順利出版，還得感謝第三文明社的安田理夫、田口進一兩位的大力協助。

塚本　啟祥

目　錄

前　言……三
第一章　佛教興起的歷史背景……九
印度的人種／印度河文明／阿魯雅人侵入印度／吠陀的宗教／奧義書的哲學／都市的發展／專制君主的出現／婆羅門與沙門／新思想的抬頭
第二章　喬達摩・佛陀……二七
佛陀及其傳記文學／誕生地點與部族／佛陀誕生／出家動機／求道經過／成道與降魔／最先說法／教化弟子／佛陀入滅／入滅年代

第三章　初期佛教的教團與思想……四五
僧伽的成立／比丘的生活／律的體系／僧伽的運營／教義的綱格／現實世界的認識／現存生起的條件／理想世界的設定及其實踐／經典的編輯／教團分裂／

第四章　部派佛教的展開……六三
亞歷山大遠征印度／阿育王與佛教／普休亞米特拉破壞佛教／印度的希臘王朝／彌蘭陀王與佛教／塞種族與佛教／部派的形成過程／三藏的成立

第五章　阿毘達摩及其世界觀……八三
貴霜王朝／迦膩色迦王與佛教／阿毘達摩的編纂／註釋書的成立／『俱舍論』的體系／包括全部存在／存在要素那種性質的法／因果關係的分析／輪迴與緣起

第六章　印度教與大乘的興起……………………………一〇三
婆羅門教的後興／印度教的形成／『巴卡瓦特・基塔』／佛陀觀的發達／大乘的源流／大乘菩薩的理念／大乘佛教的基礎
第七章　大乘經典及其思想……………………………一二一
『般若經』／『華嚴經』／『法華經』／淨土經典／『維摩經』及其他／『勝鬘經』及其他／『涅槃經』
第八章　希臘文化與佛教東漸……………………………一四一
古代印度與希臘文化／希臘文化的源流及變遷／希臘文化的繼承／海上貿易的發達／罽賓的佛教美術／傳向西域與中國／佛經漢譯的經過

第九章　大乘教學的成立與金剛乘的抬頭……………一五九
夏塔華哈那王朝與佛教／龍樹的教學／古普塔王朝與佛教／瑜伽和唯識的思想／哈爾夏王朝與佛教／密教的源流及其成長／帕拉王朝與金剛乘／回教入侵／南印度的佛教
第十章　現代社會與佛教…………………一七七
觀點的設定／佛教的基本立場／統一的論理／僧伽與社會／戒與實踐倫理／信仰與實踐之道
參考文獻……………………………一九三

第 *1* 章

佛教興起的歷史背景

印度的人種——

在印度文化裡，阿魯雅人（阿利安）佔有主導地位，但在他們侵入印度以前，早有褐色肌膚、五短身材和低鼻的原住民定居在那裡了。在原住民裡，又以莫當人與德拉威達人爲主。然而，阿魯雅人征服原住民後，一面把他們趕向東部與南部，一面組成了統治階級。他們最先形成的文化是吠陀的宗教，也叫婆羅門教。

在阿魯雅人移居印度內陸的過程中，他們一部份跟原住民通婚，形成一支彷佛阿利郁·德拉威達那種新民族。他們建設都市之餘，也從部族社會轉變爲階級社會，這一來，便逐漸忽視了阿魯雅人傳統性的吠陀宗教和習慣，之後又形成某種背景，利於像佛教那種革新式的宗教產生，例如阿吉維卡·耆那教等。

阿魯雅人的統治遍及政治、經濟和文化方面，而原住民遍佈在社會的廣大底邊，在印度河文明可以看出土著的宗教文化，阿魯雅人雖然繼續擁有這些，但婆羅門教也承受新興宗教的壓力，同時吸收它們的內容而變質爲印度教。

這種傾向也影響到大乘佛教的興起，形成閉鎖性自給自足的農村社會，不久，這種土著文化在印度宗教佔有支配性的地位。

印度河文明——

自從一九二一年以來，專家們陸續發掘和調查印度河流域，始知那裡以哈拉巴和莫亨玖達洛兩大都市爲中心，曾經有過高度青銅器時代的文明。這叫做印度河文明，它的範圍從印度河流域、雅姆納溪

哈拉巴遺跡

谷、拿瑪達河與塔普特河的河口，以及肯貝伊灣沿岸，以紀元前二〇〇〇年爲中心，大約持續一千年左右。

據推測印度河文明大概跟美索布達米亞的斯美爾文化有關係，它的特徵有：(1)大約一千年間沒有發生過大變化。(2)不曾有過龐大的公共紀念性建築。(3)印度河的都市結構沒有什麼力量對付武力。都市有完備的計劃，由很高的城壁與平地住宅街組成的。

前者形成宗教儀式和政治中心，後者設置成大浴場和穀物倉庫。住宅街整齊畫一，由主要道路及其交叉縱橫的小路形成，擁有完備的供水設施和下水溝設置。

在出土的物品裡，發現有金、銀、銅、青銅、石材、寶石、用岩層造成的武器、器具、裝身具、玩具和陶器等，也有印章刻著意義不明的文字。

大多數住民都從事農耕，種植大麥、小麥和棉花。雖然不知他們的都市制度，但很可能是祭政合一的情形。阿魯雅人侵入之後，當然在統治他們，不過，他們的宗教與各種習慣都跟婆羅門教同時存在，直到後來融入印度教裡。從出土品看出他們很崇拜動物、樹神和地母神，尤其值得注意的是，獸主像被看作印度夏瓦神的原型，象徵夏瓦神男性力的琳卡原型——石柱，跟後代印度宗教頗有關係。

莫亨玖達洛遺跡

阿魯雅人侵入印度——

一支阿魯雅人看來在柯卡薩斯北方佔據了原居地，他們向西遷移，形成了現在歐洲諸種民族；另一支向東遷移，到達西土耳其斯坦的草原地帶遊牧，離開伊朗人而越過興都庫什山脈，終於發現了印度河上游帕賈普（五河）那塊最初的定居處（紀元前十三世紀左右），他們被稱爲印度阿魯雅人。

印度阿魯雅人雖然靠武力征服原住民，之後統治了他們，但阿魯雅系的諸多部族之間也有內戰。傳說他們有過十王戰爭，初期的阿魯雅人社會以部族爲最高單位，族長被尊稱爲王。決定部族的意思得由高官和公民集會來裁決，他們叫做薩巴或薩米特，而君王要由部族民衆選出來，之後成爲世襲。

君王擁有氏族長與廷臣來輔佐政務，關於軍事方面，也能得到將軍的協助，至於宗教儀式則由司祭官來幫忙。

社會結構的最小單位是家族，由家庭父長制度組成大家庭，原則上爲一夫一妻。雖然，通常傾向男尊女卑，但家庭主婦頗受尊敬，允許她們參與某種程度的祭司。擁有共同血緣的大家族集團叫做氏族，之後會有村落共同體的意味，而成爲行政單位。

產業以畜牧與農耕爲主，在家畜裡，以牛最被人尊重，不僅是物價的標準，也用做供祭的牲口。牛肉可以食用，當然那種不殺生和素食的生活理念尙未萌芽。

都市文明還不發達，建築材料只靠木材，尙未用到石頭與煉瓦，它的構造遺跡現在看不到了。所以，他們的生活方式只能依據古老聖典來推測了。這跟印度河文明尙未解讀所使用文字，僅靠考古學遺跡和出土品來探究的情形完全相反。

吠陀的宗教

阿魯雅人遷移到印度，首先完成的聖典叫做吠陀（Veda）。它的語根淵源於「知識」這個字，表示宗教知識，再將這些知識編輯爲聖典的名稱，吠陀的基礎部份——「本集」（Saṃhitā）有四種，其中以『利古·吠陀』最悠久（紀元前一五〇〇～一〇〇〇），看來是阿魯雅人定居在彭賈普地方時候完成的。他們對自然界現象、威力、構成要素和抽象觀念等加以神格化，並讚嘆這些神明，同時將些讚歌編輯成『利古吠陀』。吠陀的宗教就是設置祭壇，供奉犧牲，把多神中的一位神請下來，再向他祈願，傾向於現世利益的強化。但在創造天地的讚歌裡，卻萌芽了哲學的統一思想。

※創造天地的讚歌有：⑴創造讚歌即「造一切者」之歌、「祈禱主」之歌、「黃金胎」之歌。⑵原人讚歌。⑶無非有歌等三階段發展。

定居在彭賈普地方的阿魯雅人，後來遷移東南部，到達幹嘉河與亞姆南河的沖積處，形成小村落，以司祭者爲中心而確立了氏族制度農村。

創作讚歌後，爲了背誦無誤，和正確執行逐漸複雜化的祭式，就得有高度專門知識與訓練，以致形成司祭者階級。由他們手上編造的一大堆文獻，就叫做梵書、祭儀書（Brāhmaṇa）。這個附在「本集」裡，包括祭式的規定與神學的說明，其間也插入神話與傳說。它的年代約在紀元前一〇〇〇—八〇〇年左右。除了『利古‧吠陀』以外，尚有其他三吠陀也可能成立於相同時代。

在那個時代，因爲祭祀祈願部族人民的勝利與福祉頗受尊敬，自然能提高司祭者的地位，在百姓眼裡的司祭者跟神一樣受尊重。還有處理政務、統率士兵的王族也形成獨立階級；一般從事畜牧、農業和工藝等產業的民衆，處在司祭者和王族之下而形成了庶民階級，跟以上三個階級相對立的原住民，及其姻親關係者便成了隸民，他們專門做勞務苦工。這一來，印度社會便存在以上四種階級（Varna、四姓）了。

※所謂四種階級：⑴司祭者即婆羅門。⑵王族叫刹帝利。⑶庶民即吠舍。⑷隸民叫首陀羅。Varna 原本意味「色」，用來區分征服者與被征服者爲白色印度阿魯雅人，與褐色原住民。

奧義書的哲學——

印度阿魯雅人的居住範圍，從庫爾帕加拉再向東方擴大，其間完成了隨附四吠陀的文獻有森林書（Āraṇyaka）與奧義書（Upaniṣad）。森林書是把森林裡應該傳授的秘密教理編成聖典，說明從Brahma（梵書）到奧義書那段過渡期的形態。奧義書淵源於「坐在近處」的意思，把師徒之間口傳的秘密教義編成聖典。因爲它放在廣義吠陀聖典的終結處，故也叫做Uedānta。

現存奧義書接近兩百種文獻，但古代奧義書分爲上古（紀元前八〇〇—五〇〇左右），中古（紀元前五〇〇—二〇〇左右），中世（紀元前二〇〇左右）等三期。從此以後的文獻叫做新奧義書（紀元前二世紀—紀元後十六世紀）。

探究統一原理雖然早在『本集』與『梵書』時代嘗試過了，直到奧義書才把宇宙根元在「梵」裡發現；在個人來說，跟內在的「我」等價齊觀，即梵我一如，有它思想史方面的意義。中性字的「梵」，本來意謂吠陀的讚歌、祭詞、咒詞所具有的神秘力量；通曉吠陀的婆羅門擁有這股力量，或看作某種能請神來完成願望的原動力，後來被人看作跟創造主普拉加帕特一樣的地位。

還有「我」也意謂「呼吸」，經歷「生氣」、「身體」、「自身」「本體、靈魂、自我」等意思，直到跟創造主普拉加帕特一樣的地位。由此可見，我們斷定大宇宙的根元—「梵」，跟小宇宙的本體「我」同爲一體。

※「梵我一如」由一群奧義書的哲人們，用「我即梵也」這種大格語的形態來表示。

亞吉涅魯庫亞曾經觀察精神狀態，並且區分為覺醒位、夢位、熟睡位和死位，而死位的觀察必須涉及人類的死後問題，他把「我」譬喻為從這片樹葉，轉移到其他樹葉的蛭蟲。他說雖然「我」死後會離開身體，但業（行為）會跟隨他，業結束時，就從那個世界再回到這個世界，轉到其他身體而輪迴下去。

輪迴有許多說法，其中最完備的輪迴說，首推「五火二道說」。「五火說」是指人死火葬時，「進入月亮」「變成雨」落到地面上：形成米、麥等「食物」，進入男人體內「成為精子」、「進入娘胎再生存」。

這是結合下雨現象與火葬習慣，搭乘著煙上升天界的「我」，再依靠下雨落地，顯然這個論點建立在這套簡單的循環論理上面。但是，它跟「二道說」結合起來，二道說主張解脫來自輪迴。換句話說，有人知曉五火的教義，相信在森林修苦行，便能進入梵界，而不再回到這個世界來，這叫做「神道」；反之，有人相信祭祀、淨行等布施，而形成五火輪迴，這叫做「祖道」。

由此可見，依照前輩子的業，而規定現在的果報；依據這輩子的業，而預告未來果報這種輪迴轉世的思想，形成於上古的奧義書上，並且顯著影響到後代的印度思想。

都市的發展——

在紀元前六世紀，恆河平原上開始出現新階級。在吠陀文化的後期，部族內的畜牧階級——庶民，脫離部族的拘束，而成爲一群自由農民，因爲他們在恆河流域這片肥沃的土地上，一面積極開墾，一面努力用水灌漑，所以出產了許多農產品。這一來，他們生活得很充裕，且有豐富的物質。

有了豐富的農產品，自然會出現剩餘物質，這一來，便促進了商業發展，想要交換物質；爲了生產以農耕器具爲首的生活用品，便會帶動手工業了。在這種情狀下，從事新興工商業的人們，便聚集一起而形成小都市。以這些小都市爲中心的一群小國紛紛興起，並實行貴族政治和共和政治。

在古印度社會，村落行政老早就有歷史背景可以促成國家機構的產生。但每個地方都呈現不一樣村落機構的形態。反之，都市行政的機構化卻相當落後，發生期的小都市彷彿拘薩羅國一樣，類似都市的村落共同體。但是，都市的村落共同體也隨著都市化的進展，使它的組成社會也呈現顯著變化。新興都市的出現，如從裡面來說，便意謂自古以來那套氏族階級的制度開始崩潰了。

貨幣經濟都市的進展，孕育了一群新階級。由於貨幣而引起的商品等價交換，促使都市累積了龐大財富、工商業者成群結隊在都市掌握了經濟實權。金融業者和商人的基爾特首長叫做塞德，意謂「優秀人」或「卓越者」；在梵書時代，即是村落共同體的首長，但隨著都市的發展，而變成抬頭商人階級首長名稱。

還有一個類似意思的名稱叫做嘉哈帕特，本是「家長」的意思，在吠陀與梵書裡，擔任供犧時候的主角，由於新經濟的發展，那群依靠商業、手工業和農業而發跡致富的人，跟出身階級扯不上關係，照樣被人尊敬，似乎意謂家庭父長制度下的大家族首長。他們是新興所有者階級一群握有實力的成員，有義務養活自己的家庭，雖然被親族集團的相續法所拘束，但不受制於部族的規定，可以任意處理自己取得的財富。這群新興階級，尤其是代表都市那群工商業者的嘉哈帕特（資產者），後來在經濟上相當支援那裡興起的佛教，和耆那教團。

專制君主的出現——

在紀元前六世紀的恆河平原上，由於王族及資產者紛紛抬頭，促使社會組織起了變動，也讓原來的階級制度（司祭者、王族、庶民、隸民）崩潰了。若依照佛教的原始聖典記載，當時的階級或身份，可以分為六種——王族、司祭者、庶民、隸民、屠殺人和垃圾清潔人。至於資產者雖然出身隸民，只要擁有許多財寶、米穀和金銀，據說照樣能得到王族、婆羅門和庶民的敬意。

另一方面，在社會上獲得控制地位的王族之王刹帝利，就以都市的經濟發展為背景，而掌握到強大的權力。他們積極助長都市的壯偉建設，並以這些做據點，而擴大了大國的控制權。對內依靠專制行政而收奪居民的利益，對外用武力併吞了鄰近的小國。當時，大國計有十六個名稱，其中以拘薩羅、摩訶陀、阿華特、華沙等四大國最強大。

專制君主對待居民的壓制很兇暴。國王會依據需要增加稅率，農民要接受強制勞作，叫苦不迭。依照佛教的原始經典記載，國王的災難跟盜賊的苦難對老百姓一樣恐怖，很多人為了逃避這兩種苦難而出家了。

國王把土地佔為己有，也把生產手段置於掌握中。所以，百姓害怕國王的壓榨，便放棄自己的職業，而為國王從事農業與工業的勞作。

他們目睹國王在行政上醜態百出，例如，國王不肯執行法律、賄賂致富、貪污錢財、對百姓很殘酷，並用各種方法徵稅。百姓憎厭之餘，紛紛離開村落，逃往邊境去，致使首都成了空城，邊境反而人口衆多起來。

婆羅門與沙門——

佛教的原始經典常有「沙門與婆羅門」等名詞，阿育王（紀元前三世紀前半葉）的碑文上寫有Sramana 這個複合字，在希臘和拉丁文獻也流傳孔雀王朝時期的印度哲學家有兩派，就是婆羅門與沙門。這可以推測初期佛教時代的沙門在精神指導上擁有強而有力的地位，足以匹敵婆羅門聲勢。

從當時的婆羅門社會裡，不難看出四種生活階梯的形成過程。那就是學習期、居家期、林棲期和遊行期。除了隸民以外，其他三種階段級——婆羅門、王族、庶民）的出身者，少年時住在婆羅門師父家裡，當了幾年梵行者，學習吠陀，結束時進入居家期，完成身爲家長的義務。吠陀聖典提到開始兩種生活階梯所應盡的義務，但不曾提到出家和遊行。

到了上古的奧義書，才叙述第三種生活階梯，並暗示第四種生活階梯的開展。出現革新宗教的時代，完成一連串婆羅門體系的文獻——法經、法典、新奧義書，上面似有詳細規定林棲、遊行方面的生活階梯。

總之，林棲、遊行兩種階梯，跟前面兩種階梯——學習與家居對立，其理想——精神階段要先放棄世間的環境以後才能得到，而這正是林棲期與遊行期的特色。

法經與法典以居家期爲中心，根本上要維持吠陀的傳統，而奧義書卻讚揚林棲期和遊行期的價値，結果否定以吠陀的供犧爲中心那種社會習慣和宗教文化。這種社會環境很類似佛教與耆那教那種革新宗教所成立的社會背景。

另外，沙門是那個時代一群革新思想家的總稱，他們雲遊各地、居無定所。同時在森林間修行，到各村落和鄉鎭宣揚教理，生活仰賴說法的報酬——布施得到的食物，即靠行乞、乞食或托鉢所得來的飲食過日子。他們這種生活方式帶來了某種稱號，例如遊行者、遁世者、苦行者、行乞者（比丘）等，至於這種生活共同體（僧伽）的領袖，就被尊稱爲沙門了。

新思想的抬頭——

在這種社會背景下，出現了許多思想家，並紛紛倡導了自由思想。當時流傳六十二見和三百六十三位辯論家，至於比較有代表性的思想家，首推六師外道的學說最有名。六師是——

阿耆多……順世派的先驅
珊闍耶……不可知論
末伽梨……邪命外道
伽旃延……邪命外道
富蘭那……邪命外道
尼乾陀若提子……耆那教

阿耆多提出地、水、火風等四種元素，因爲人類由這些元素組成，不論愚者、賢者都會隨著身體的破滅而消失，也不會有什麼善業、惡業等果報。這叫做感覺唯物論，也被世人看作順世派的先驅。

刪闍耶否定認識的客觀妥當性而倡導不可知論。例如，有人問起：「有沒有來生呢？」他無法回答有，沒有，也不是沒有。

末伽梨認爲存在者的組成要素有：靈魂、地、水、火、風、虛空、得（元素的結合）、失（分離）、苦、樂、生、死等十二種，並視它們爲實體。他否定歷來的輪迴說——存在者受制於業，反而主張一種無因論——所有輪流的人都要受制於命運、環境和天性。他是一位宿命論與決定論的代表人，但其他宗派指責他是邪命外道。

迦旃延主張地、水、火、風、苦、樂、命我等七項要素，唯物論得很徹底。

富蘭那提出一種無道德論，因為當時一般人認為殺生、偷竊、邪淫和妄語等屬於惡事，將來會受惡報，但富蘭那不以為然，同樣地，他也不以為大家心目中的善行——布施、克己和眞實等會有什麼善報或得什麼善果。

尼乾陀若提子名字很有意思。佛教從一向稱呼耆那教的開山祖師為摩訶毘羅，尼乾陀是在他以前已經存在的宗教名稱（跟原始耆那教的名稱相同），若提子意謂拿塔族的出身。耆那教的開山祖師叫摩訶毘羅（大雄、大勇），也叫勝者，凡是勝者教的信徒都叫做耆那。

他比佛陀大十五歲左右，出身為王子，三十歲出家，苦行十二年後才開悟成為勝者，之後敎化衆生，七十二歲死在帕特那近郊。

依據耆那的傳說，在他以前曾經出現過二十三位救世者，但是，他主張修改帕薩敎的理為「五大誓」，帕薩的教理早在二〇〇～二五〇年以前實際存在過……換句話說，「五大誓」是指無殺害、不妄語、離不與取（不偷竊）、貞潔（不淫）和無所得。

依照耆那的原始世界觀來說，存在的基礎為「五種有聚」，就是運動條件、靜止條件、虛空、命我、素材（原子），並視這些爲實體。這些構成點（空間點）的集合，藉此統一地說明世界的形成過程。關於時間方面，也能依賴時間點來說明，那是把現在當作一時點，未來也是一時點的增加，而過去是一時點的減少……。

還有他用物質方式說明業，依他看來，業會從外部滲入身內的命我，並附著起來，這一來，便會妨礙命我的生天解脫。所以，解脫方法不外重視苦行，藉此消滅業障，防止它滲入身內。

耆那教在摩訶毘羅時代，便已經是一支強有力的教團了，之後跟佛教同時成爲革新宗教的兩大勢力，一面對抗婆羅門教，一面擴大自己的教線。

第2章

喬達摩・佛陀

佛陀及其傳記文學——

佛（Buddha）這個字來自動詞語根budh（覺醒、覺悟），意謂「覺醒的人、領悟眞理者」，傳入中國後被音譯成佛陀、佛或浮屠等字了。

在佛教史裡，因爲佛陀是人們理想的形象，實際上有許多佛教成了信仰的對象。所以，佛教的始祖是一位歷史人物，爲了讓他跟其他諸佛有所區別，便特地叫他喬達摩．佛陀（Gotama Buddha）。喬達摩是依據他的屬姓而來的名稱。因爲喬達摩．佛陀是出身釋迦族的聖人，所以稱他爲釋迦牟尼或釋迦牟尼世尊，而日本人簡稱他爲釋尊，或釋迦。

後人有組織地搜集佛陀傳記，故有不少經典題名爲佛陀的傳記文學。但不論那一部經典，都是佛滅後幾百年才完成的內容。以原始佛經裡若干片斷記載爲來源資料，目的在讚嘆偉大的教祖而叙述這些都有明顯的粉飾誇大。所以，爲了明白教祖的人生過程，就不得不追尋原始佛經上有關傳說的核心，那就是佛陀傳記的文學泉源了。當然也有些零星散落的經典，但以現存的原始經典來說，便有漢譯阿含（Nikāya）、律（Vinaya）。其間，阿含的經集如『義足經』、和律藏的戒本如『戒經』裡都有斷片性的記述，而這些可說是現在能夠到手的最古史料了。

誕生地點與部族

佛陀傳都把佛的誕生地點歸納在藍毘尼國，但在經集上說：

「殊勝無比的寶即那位菩薩，爲了利益衆生，便出生到娑婆世界來，他誕生在釋迦族某村的藍毘尼園裡。」

這個村子起初是一個血緣氏族的集合體，即村落共同體。阿魯雅古代社會的最大組織體爲部族，他們居住的土地叫做地方或國土。佛陀時代出現了專制王國，其實，所謂王國，不外是村落的集合體。一般來說，村落位在農地與牧草之間，周圍都有森林。釋迦國是拘薩羅王國這個宗主權下一個小國而已。所以，引用文意指釋迦族所組成的村落共同體，即他們居住土地的藍毘尼地方誕生一位菩薩，即是未來的覺者。

藍毘尼是現在尼泊爾國內塔賴縣這個地方留下的名稱，佛陀傳的藍毘尼園可能在印度聯邦烏塔爾・普拉德休州，帕斯特縣東北八公里（尼泊爾國境內四公里）一家名叫藍明特的寺廟。世人以爲藍明特來自藍毘尼地母神。因爲釋迦的無憂樹森林呈獻給這位女神，才會生出這位喬達摩・佛陀來了。

藍毘尼園

釋迦族到底屬於什麼人種呢？我們雖然不明白，但意謂他們跟非阿魯雅系的柯利雅族人爭奪洛希尼河的水利權時，傳說他們沒有遵守阿魯雅人的相互規則。所以，他們不認爲柯利雅族即是阿魯雅人。如果按照傳說，佛陀是甘蔗王的後裔。

甘蔗王原來是印度河與恆河上游一個王家之名。還有那群控制拘薩羅王朝（太陽氏族）的祖先也叫做甘蔗王，所以，我們主張釋迦族跟拘薩羅國王應該屬於同一系譜才對。

釋迦族的領域，沿著現在烏塔爾·普拉德休州的帕斯特，和哥拉庫布魯兩個地方，直到尼泊爾和印度的狹小範圍。恆河是從北邊喜馬拉雅山的許多支流匯集而成之後往南流，它的流域形成寬闊的平原，從早年起就會用這條豐富的水源灌溉農作物了。東邊隔著一條洛希尼河，跟柯利雅族遙遙相對，背後有馬拉、威德哈、華吉等部族國土。南方與西方在拉普特河附近，接連拘薩羅國，其實是在該國的宗主權下一個自治小國而已。在恆河流域南邊的摩訶陀國擁有強大武力，也不斷在擴大控制權。

釋迦部族的首長家系處在這樣複雜的勢力之間，就是佛陀當時誕生的背景。父親叫淨飯王、母親叫摩耶夫人。佛陀小時候叫悉達多・喬達摩（Gotama Buddha），喬達摩意謂「優秀的牛」，極可能跟古代部族社會崇拜牡牛有關連。釋迦國的首都在迦毘羅衛城。

佛陀誕生——

佛陀誕生有各種傳說，『經集』上說，這位菩薩是從兜率天下降，才進入摩耶夫人的胎裡。還說當時他騎著一條六顆牙齒的白象下降。摩耶夫人生產之前，曾在釋迦族神聖的蓮花池內洗澡，接著走到一棵無憂樹下產生嬰孩，而這是依據部族習俗想像出來的。摩耶夫人正在舉手折樹枝時，嬰兒便從她的右脇出生了，而這段話出自『李古・吠陀』那段原人讚歌。出生日如果依照北傳的說法，則在四月八日，如依南傳習慣，應在太陽曆滿月之日。

『經集』提到這位菩薩出生時，傳說一位阿私陀仙人預言他的前途，原來，這位阿私陀仙人精通神咒和面相，當他抱起這位釋迦族牡牛般的嬰孩，一面端詳他的特殊面相，一面流下歡喜的淚水說道：

「這位王子會到達覺悟的巔峰，他看得到最上的清淨，且能利益衆生、慈悲大衆、轉動法輪，他的清淨行會擴展得很廣……」

說完後出宮離去了。

佛陀誕生的時代，適值中印度社會在政治與經濟上起了巨大變動，當然包括釋迦國在內了。老百姓在這種社會變動下叫苦不迭，不斷渴求解脫。釋迦族人似乎信仰過去佛，這樣可以反映一般民衆需求。

換句話說，他們相信過去有六位佛依次出來救度衆生，之後才逐一滅度了，但不久的將來會再有佛現身世間。所以，釋迦族人當然希望一位偉大的聖人出來利益衆生、教化世人。

佛陀誕生後七天，母親摩耶夫人就死了，之後由姨媽摩訶波闍波提養育成人。依照釋迦族王族的習慣，王子要在學問和武藝方面接受訓練，結果，王子在各方面都有非凡的表現，長大後娶了本族姑娘耶輸陀羅為妃，不久生下一個次子叫做羅睺羅。

他在王宮的生活非常舒服，物質上應有盡有。宮裡有蓮花池，裡面培植青、紅、白等顏色的蓮花。栴壇香和衣服也是上等貨色。在冬、夏和雨季都住在不同宮殿，每天生活在宮女們圍繞下的享樂中。

然而，王子好像很早就領悟到人生的苦惱了。『經集』有一首詩說：

「短促的人生啊！不到百歲就要死去，縱使能夠活到更久，也照樣會衰老而死哩！」

他對生存的苦惱有清楚的認識，而這也成了他的思想基礎。

出家動機——

雖然，王子在王宮裡生活很富裕、很舒服，但他爲什麼會捨棄世俗而去出家求道呢？佛陀傳記都會描述四門出遊引起的。這是後人言過其實的誇張寫法，是否根據史實值得懷疑。不過，初期傳說王子常常在思考人生「老、病、死」的苦惱，就把四門出遊當作戲劇性描述，這一點還蠻適合的。

但是，王子在捨棄王宮的舒適生活與妻子的愛情以前，直到他放棄釋迦國首長應有和權利爲止，就能預測釋迦族會碰到難以避免的政治命運。

紀元前七世紀，拘薩羅王征服卡西，控制了恆河港口巴勒拿西。紀元前六世紀，拘薩羅的首都從莎凱達遷移到王舍城來，那裡位在兩大商業要道的交叉點。所以，拘薩羅和釋迦族已經久仰巴勒拿西出產的棉和絲織品了。帕薩拿特繼承了拘薩羅王位，便控制一片廣大領域，從尼泊爾的塔賴伊縣起，到恆河一帶。他的版圖包括卡西族和釋迦族。

雖然，拘薩羅起初是一個村落集合體，當他們的控制權衰弱時，該國東北邊一帶便呈現出離傾向，而產生加納共和制國家。到佛陀時代，拘薩羅和加納等國各自成爲獨立國家，並有自己的領土了。因此，拘薩羅國王中有一位威德達巴便以武力控制加納國了。傳說拘薩羅王國對待釋迦族這個附屬很不友善，尤其晚年曾經虐殺釋迦族人，由此可見他們政策之一斑了。

拘薩羅國對釋迦族擁有宗主權，也不時壓迫釋迦族，這一點恐怕早在王子年輕時代就已經感覺到了，而這也可能是使他出家的重要原因之一吧。

求道經過——

王子年輕時便想要解決人生問題，以致成爲一個出家求道者。依據『南傳大藏經』的『聖求經』上說，佛陀後來有一段自白：

「出家人呵！我起了求道心那幾年還很年輕，雖然頭上仍是黑髮，浸在青春快樂裡，我不顧父母淚水直流、嗚咽悲泣，就毅然剃落髮鬚，披上袈裟，離家去修行了。」

在佛陀傳記裡，都對他的出城、侍者車匿、愛馬犍陟描寫得很戲劇化，那時的他剛好二十九歲了。

王子離開釋迦族的王宮，向東往喜馬拉雅山麓前進，沿著幹達谷河南下，渡過恆河，到達當年最大的王國摩訶陀國。當時的摩訶陀國是一群革新思想家的聚集所在，來自各地的思想家都在這兒。王子接連拜過兩位老師，他們是阿羅邏迦蘭、鬱頭羅羅摩子。兩位都是修禪定最有名的仙人，依他們看，只有仰賴精神統一才能解脫。所謂禪定、三昧、瑜伽等術語，都是修持精神統一的名詞，而這類宗教實踐在印度宗教裡遠源流長，相當古老。悉達多王子習得他們這一套最高級的禪定後，發現它有逃避人生的傾向，失望之下只好離去。

王子來到拉伽卡亞西南的伽耶了。當時，尼連禪河畔有一座森林住著一群苦行人。王子終於找到這個適合修行的地點。其實，苦行是一般邪命外道和耆那教徒喜歡用的實踐方式。他們透過調心、止息、減食、斷食和身體苦行來折磨肉體，想靠力氣的削減，獲得精神自由。

菩提伽耶的菩提樹

成道與降魔——

雖然，悉達多王子歷經六年的刻苦修行，可惜一無所得。因此，他便放棄苦行，碰到一位少女捧著乳糜前來，待他喝完後，走到尼連禪河洗個澡，恢復了氣力，走到菩提樹下觀想了。『經集』描述王子在開悟之前，有過一段內觀過程。那是有關悉達多王子怎樣降伏諸魔的一段最古老的描述，如想明白王子怎樣克服傳統思想——依從舊的婆羅門習慣，與革新思想的對立狀況，那麼，那段描述算是相當充實。

不過，後代的佛陀傳記對這方面過份誇大，寫得很戲劇化，無異掀起佛陀成道的序曲一樣。

再說悉達多進入禪定後，經由初禪、二禪、三禪，以致到達四禪定。那是脫離憂喜苦樂的境界，接著，他依順逆方式觀照十二因緣，終於知悉一切諸法的眞理，而大徹大悟，也就是成就菩提大道了。那時，他的年紀是三十五歲了。若依北傳說法，時間在十二月八日，若依照南傳說，便在太陽曆五月的滿月那天。基於他開悟的因緣，當地改名為菩提伽耶，那棵讓他開悟的樹叫做菩提樹。

有一點必須注意的是，曾經被他拋棄的修定主義實踐法——禪定，被人拿出來當作他的開悟方法。他離開愛慾的世俗生活去出家，而選擇了第三條路，但他也拋棄用傳統苦行過極端的出家生活。

最先說法

依照『律藏・大品』記載，佛陀成道之後，反覆玩味解脫的快樂，因為他悟出的法很深妙，恐怕世俗之輩難以理解，所以，他對說法的事猶豫不決。經過梵天的勸請，他考慮去向先前的兩位老師——阿羅邏迦蘭和鬱頭羅羅摩子說法，不料，兩人已經去世，只好作罷了。於是他想去向當初跟著自己苦行的五位比丘說法，便直奔巴勒拿西的鹿野苑（現在的沙魯那多）。當地叫做「仙人的家鄉」，原因是當時有許多出家修行的人都聚集在那裡。

關於佛陀向五位比丘開示的教法，在『轉法輪經』有一段敘述如下：

「諸位修行人呀！身為修行人應該拋棄這兩種極端，那麼，這兩極端是什麼呢？

㈠是不沈溺於慾望，去過那種卑劣、野鄙、愚蠢的世俗生活。㈡是不折磨自己，去過那種苦行生活。這兩種都不是聖者追求的法，跟義理不相應。諸位修業者呀！如來不依賴這兩種極端，而證知了中道。因此才有眼睛、智慧，也能走向寂靜的智慧、正覺和涅槃。」

接著，佛陀又開示這項中道即是四諦和八正道。反之，『律藏·大品』又傳說佛陀叙述了五蘊與無我的道理。總之，在鹿野苑的最初說法稱爲「初轉法輪」

鹿野苑的僧院跡

『轉法輪經』等經典記載愛慾與苦行這兩種極端，即意謂悉達多王子成道以前所走過的生活路段。誠如上述，佛陀傳記都記載王子時代在宮殿過享受生活，和截然不同的出家（放棄俗世）生活。當時，印度社會都認爲「俗世生活的捨棄」是前往開悟不可缺少的條件。從婆羅門的四時期生活裡，不難發現林棲與遊行階段，以及非婆羅門的教團領袖（沙門）所形成的生活共同體，跟婆羅門社會的俗家生活互相對立。

總之，在家與出家可說古印度時代完全相反的兩種社會。佛陀所倡導的中道，即是雙重否定俗世生活與出家生活的立場。換句話說，不難看出他的理想是離開俗世生活，但也不拘泥於出家的生活。

教化弟子——

自從佛陀在巴勒會西的鹿野苑開始說法以後，直到八十歲入滅的四十五年間，他來回在恆河流域各地向無數人說法。但在這四十五年的教化活動裡，如想追尋他的行蹤順序，那只有最初幾個月和最後幾個月。據說雨季夏安居在當地的教化活動有相當效果，然而，我們也只知他最初二十年和最後兩年的情形。

他在世的教化範圍，東起盎加國的蔣帕城，北到釋迦國的迦毘羅衛城，和拘薩羅國的舍衛城，西從庫爾國的肯瑪薩陀瑪，南邊到摩訶陀國的王舍城，以及梵薩國的柯莎比城。在原始佛經裡，說法中心的地名若依出現頻度來推測，則有舍衛城、王舍城、毘舍離城、迦毘羅衛城、柯莎比城，而其間以舍衛城和王舍城最多。

在佛陀的教化活動裡，由於摩訶陀國是革新宗教的地盤，似乎得到最大成功。那裡有一群主要的人來皈依佛陀，例如——迦葉三兄弟、舍利弗、目連、頻婆娑羅王。

不但國王捐贈竹林精舍，連名醫耆婆也贈送耆婆園（竹林精舍）給佛陀了。

※迦葉三兄弟本是婆羅門的帶髮修行者，各自擁有五百名、三百名和二百名徒衆，在摩訶陀國形成很有力量的教團，主張拜火神，重視拜火儀式。他們偕同一千名弟子來皈依佛陀。

※舍利弗與目連都是六師外道之一——珊闍耶的門徒，皆同二百五十名徒衆投奔佛陀。之後爲佛陀的十大弟子之二人，即「智慧第一」與「神通第一」。

還有一位菴婆羅女也捐贈出一座奄婆林。佛陀在拘薩羅和釋迦國的傳道工作，曾經遭到婆羅門教徒的強烈抗議，而面對過各種困難。幸好一位給孤獨長者來皈依，並在舍衛城捐贈一座祇樹給孤獨國（祇園精舍），從此以後，那裡便是佛在拘薩羅從事教化的根據地了。父親淨飯王，兒子羅睺羅，異母弟難陀也都皈依佛陀。還有姨母摩訶波闍波提也希望出家，結果如願以償，同時成立比丘尼僧伽了。

佛陀晚年，提婆達多慫恿摩訶陀的阿闍世王子，把頻婆娑羅王幽禁起來，篡奪了王位。同時，提婆達多向佛陀提出五項法規：

(1)佛教出家人必須在叢林裡生活，不許進入村莊。
(2)只靠行乞生活，不許接受飲食招待。
(3)身穿糞掃衣，不許收受在家信徒送的衣服。

(4)只坐在樹下，不許進入屋內。

(5)不許吃魚肉，否則有罪。

佛陀拒絕接受了，他從此離開教團，去自設另一個宗團。這無疑是將集體抵抗加以傳說化——提婆達多企圖維持原始僧伽的生活方式，藉此向佛教僧伽的僧院化挑戰。

庫西拿拉的祀堂與佛塔

還有拘薩羅的波斯匿王跟摩訶陀國的頻婆娑羅王之間，因爲婚姻關係而締結了同盟，再者，波斯匿王對釋迦國握有宗主權，便向釋迦族的公主求婚。釋迦族雖然覺得他非我族類，但又不敢得罪他，結果喬裝一個婢女，冒充釋迦族的公主下嫁給他。波斯匿王不知底細，便立她爲第一王妃。後來生下一個毘琉璃太子，知道釋迦族當年的詭計，憤恨之餘，一面篡奪王位，一面派兵侵入釋迦國，佔領了迦毘羅衛城，消滅了釋迦國。

佛陀入滅——

有關佛陀入滅的記載，不妨閱讀『長部經典．大般涅槃經』，便能一清二楚。其間記述佛陀的最後旅遊，從摩訶陀的拉賈卡哈到庫西拿拉那一段過程。佛陀開示自己入滅後，教團要皈依自己和法，最後在拘尸那羅的沙羅雙樹下說完「不放逸」之後，就以八十歲高齡入滅，入滅那天在北傳來說，定爲二月十五日，南傳定爲太陽曆五月的滿月日。

佛陀滅後的骨灰分成八份，建造十座塔來收容瓶子和骨灰。一八九八年，在尼泊爾南部邊境附近的古墓裡，發現一個收容骨片的舍利壺，是被W．C．彭配代發現的。從舍利壺蓋雕刻的文字推測，那是相當於迦毘羅衛城的塔裡被奉祭之物，也是『大般涅槃經』記述釋迦族的東西。不過，有一位J．F．佚利特卻推測說，那個舍利壺是毘琉璃王殺戮釋迦族留下來的，然而大家都比較傾向彭配代的觀點。

入滅的年代

自古以來，關於佛陀入滅的年代，傳說紛紜，莫衷一是。因爲古印度沒有所謂

「史書」——目的在敘述客觀事實——存在，所以，我們幾乎不可能決定這個確實年代。有關佛陀入滅的確實年代，印度有一項傳說：紀元前五四三年，所以，今天的錫蘭、緬甸和泰國等南傳佛教都採用這個年代，然而，這項記錄裡含有虛構的年數六十年。耆那教的傳承也認同這種現象，印度及其他若干亞洲民族，都有一種共同習慣——以六十年爲一週期的年齡。因此，減掉六十年的年數爲紀元前四八三年，錫蘭等南傳便把這年當作傳承了，而這也跟中國廣州那本『衆聖點記說』的看法一致。

孔雀王朝阿育王即位年代（紀元前二六八年），傳說在佛陀入滅後二一八年，倘若依據這個來反算的話，便接近算定那一年了（268＋218－1－＝485），阿育王對於弘揚佛教功不可沒。

反之，喀什米爾的傳說（北傳）認爲阿育王即位即是佛滅後一〇〇年（或一一六年、一六〇年），若依照一一六年推算，便等於紀元前三八三年（268＋116－1）了。

摩訶陀的王族統一史無疑是這些傳說的背景，仔細觀察時，會發現錫蘭傳說爲了滿足二一八年的年代，則有證跡顯示他們曾在統治年數裡加上虛構年數了。反之，在喀什米爾傳說一〇〇年（與一一六年）方面，雖能滿足歷史存在的諸王統治年數，但有過於短促的難處。這兩種傳說的差異，在其背景即摩訶陀王統治史上，就會涉及孔雀王朝的阿育王，會跟夏體納加王朝的阿須王同為一人的看法。

若從其他觀點看阿育王年代，會跟佛敎敎團的根本分裂年代有關係。若依喀什米爾有部的傳說來看，佛滅一一六年（和一六〇年）會在阿育王治世時期有根本分裂（把這個數字看作即位年代很可疑）。反之，巴烏雅的上座部傳說是佛滅一六〇年的達爾瑪阿育的治世時期，同樣正量部傳說是佛滅一三七年南達王朝瑪哈帕特瑪王的治世時期。因為阿育王的祖父與父親的治世年數，合計大約有五十年左右。所以，上述傳說就能證明阿育王即位至少也在佛滅二世紀中葉以後。

倘若依照這項假設，那麼，佛入滅年代大概在紀元前五世紀中葉。因此，佛陀誕生可以放在紀元前六世紀的後半。

第3章

初期佛教的教團與思想

僧伽的成立

若依『律藏．大品』上說，佛陀成道後，便往鹿野苑向五位比丘初轉法輪，他們信受後皈依爲弟子。這就意謂佛教僧伽的成立。接著，弟子數量增加到六十人時，據說佛陀開始教誨他們說：「要爲衆生的利益出去教化了。」這等於明白規定佛教僧伽在最初期的生活方式。雖然，當時沙門領導的共同體也叫做僧伽或伽那，殊不知這些字本來表示共和政體的部族國家。但是，當專制王國出現時，大家都盼望昔日的和平社會能再度在革新的宗教教團裡實現。這一來，各位導師主張的法義都擁有一群人皈依，而這些遊行各地的僧伽就成了新興集合體的單位。

※佛教成立的最重要條件叫做三寶，就是佛陀即教主，法即教義，和僧伽即教團，入團（是足戒）時要宣誓皈依三寶。

初期佛教的沙門叫做釋子沙門（出身釋迦族的沙門），其教義稱爲釋子之法（出身釋迦族者所說的教義），而這表示佛教被看作當時遊行者的一派。因爲僧伽是地域性很自然產生出來的集團，故叫做現前僧伽（現在這裡成立的僧伽）。

反之，由小的原始僧伽皈依惟一的師與法所成立的教團，逐漸開展而形成橫紐帶那種四方僧伽的理念。

比丘的生活——

印度氣候從每年六月中旬開始，歷經三個月時間受到季風的影響，會有許多雨量下個不停，這一來，便使河川拓寬而引起洪水氾濫。這種自然條件嚴格地限制了出家人的遊行生活。因此，他們在雨季期間只好停止遊行，而希望找個避難所，這樣叫做安居。

對於一群比丘來說，因爲乞食是不可避免，所以，他們的安居地點就得在村鎮近郊才行。這就是大家耳熟能詳的住處與園等兩種了。任何一種起先不過是暫時的居住地而已，但三個月的團體生活也得制定共同的儀式。因爲歸納糧食要贊助，規定行乞的必然性就失掉了，接著就逐漸使住處和園變成半永久性與固定住址（僧院）的性質了。雖然從遊行轉變爲定居生活的進度緩慢，殊不知隨之而來者，即初期僧伽從一群遊行者就開始變質爲一群定居的修道僧團體了。

住處是比丘所搭建的草庵，而園通常位在村鎮或市區中，或郊外某某樂園、果樹園及花園，當所有人把這些永續性地捐贈給僧伽時，這就稱爲僧園（僧伽藍）。即使

祇園精舍遺跡

園的所有權從個人轉移到僧伽，但是，捐贈者會自動管理和維持這些財園的產。在園裡，因爲有宗教集會，討論關於禪定與法的問題，致使各種設施逐漸完備了。

在結構上，歷來僧院分爲精舍、平覆屋、殿樓、樓房和窟院等五種，其中以精舍與窟院可以永遠使用。精舍建在平地，用煉瓦與石頭建造，而窟院卻從高原的岩層上開鑿出來。

律的體系——

在初期佛教時代，佛陀的教理用「釋子之法」的稱呼來區別其他宗派的法（dharma），根據推斷：在法的稱呼這方面，要以當時出家的共通習慣法做基礎才行。

『梵網經』裡列舉小戒、中戒和大戒，『沙門果經』也列舉大約相似內容的戒，而這些戒的聚集叫做「聖戒蘊」如果具足這些戒蘊（戒的聚集），那麼，內心就能感受無垢清淨的安樂。本來，戒是意謂本性、性格、習慣和行動，從此輾轉用在「善良習慣、善良行動」方面。因此，戒的具足是：別幹那些違反這種戒的行為，戒不是禁止的命令，而必須爲自發性的需求才行。

在此列舉的小戒，一開頭就寫明：「不殺生、不偸竊、不邪淫、不妄語」。規定不能幹這種事情。其實，這些也跟耆那及婆羅門的習慣法不謀而合。但在佛敎的『戒經』上列舉最重罪有四波羅夷法（逐出敎團的重罪）——「非梵行（不淫）、偸盜、殺生、妄語」。這些也被列入在家信徒必守的五戒裡。這一來，便知佛敎戒律建立在當時印度社會共通的習慣法則上面，它所以被認爲最重罪，原因是：連社會法則都不能遵守的人，根本沒有資格進入敎團來。

在『戒經』裡，對於違反僧伽生活的規定，由重罪到輕罪分爲八種類。因爲制定這種條文即是「隨犯隨制」，所以，現在形態可說是一群比丘在住處與園之一種僧伽生活的開展過程。由此比丘們的定居化、集團化和住處的僧院化不斷形成，致使個人生活在團體生活裡被提出來檢討，並從『戒經』的條文，逐漸形成廣泛的律體系了（『經分別』『犍度』）。

僧伽的運營——

僧伽是以地域與獨立的生活共同體姿態發展起來，故得用橫紐帶方式來考量教團的統制與和合問題。僧伽間的爭論會破壞僧伽的和合，才要加以戒律。

依照『律』的規定，所謂「和合」者，即是僧伽住在一起，建立同一界限，「破僧伽」在任何情況下都會促使彼此分裂、產生差異、不和睦，所以，它的定義是求黨結衆。雖然在同一教區內有同一住處，並舉行同一種儀式，而這是僧伽和合的理想形態，但要維持僧伽的統制，發生爭論時能夠圓滿解決，那麼，就一定要成立一種公的機構——僧伽羯磨。

羯磨的本意指「行爲」，便轉而意謂一種執行機構——決定僧伽的行事、行政和人事等所有議事。結果，僧伽羯磨便分成非諍事與諍事兩方面了。

「非諍事」是有關出家人的共同生活和僧伽的一般行事，必須在僧伽組成人員的贊成下才得舉行。例如關於入團、依止（弟子的訓育）、布薩（每月兩次的反省會）、自恣（安居最後一天的反省會）、迦絺那依（安居後分配三衣）等討論裁決，以及有關僧院的共同設施、共有物品的管理、分配日用品執事人的選定等，都是「非諍事」要審議的工作。決定議事的形式有三種——單白羯磨、白二羯磨和白四羯磨。「白」就是議事，而議長要唱白。

單白羯磨即是行事布告，不需要裁決。白二羯磨由一回白與一回羯磨形成，而白四羯磨是一回白與三回羯磨說。「羯磨說」要問僧伽的贊否，經由全體人員承認，才開始決定議事。白四羯磨是有關特別慎重裁決的議事。

拿西庫密院的內部

「諍事」是指僧伽發生爭論時，為了維持僧伽的和合，一定要決定爭論的當事人的發言與行為到底正不正當呢？因此，諍事是非的裁定由僧伽羯磨採用一種裁判形式來決定。

依據罪的決定而給予懲罰，僧殘罪方面要規定懲罰。僧殘罪是僅次於波羅夷罪（逐出教團）的重罪，在給予贖罪可能性的罪裡，無疑是一項最重罪。

但是，這些罪也要以當事人的告白懺悔為前提，如果當事人不肯告白自己的罪，也不疑該人的犯行時，就要靠法庭來進行懲罰羯磨了。如果出家人犯了罪，即使勸他向對方承認罪行、懺悔或捨棄惡見，但他不理會時，就要由舉罪羯磨讓他離開僧伽到別處去住了。

教義的網格

若要徹底指出原始佛教的哲學思想，那就是三法印或四法印。法印即意謂教理標幟，表示教義的根本立場。三法印是諸行常、諸法無我、涅槃寂靜（也有一切皆苦說），加上一切皆苦叫做四法印。其中諸行無常、諸法無我、一切皆苦是現實世界（凡夫的生存）的認識，而涅槃寂靜卻是理想世界（佛的覺悟）。

若用認識論方式說明上面的根本立場，就是四聖諦。換句話說，那是苦諦、集諦、滅諦、道諦等四項眞理（satya）。

苦諦意謂現實世界的認識，集諦說明現實世界生起的原因，這個現實世界還得由五取蘊、十二緣起來解釋。滅諦是指理想世界的設定，而道諦在說明這套方法，於是引出八條正確方法來了，即八正道也。

※諦（satya）意謂「弄清楚」、「究明」，譯自梵文satya字，意謂現實生存的認識、眞理。

三法印與四法印　四聖諦

三法印與四法印	四聖諦	
諸行無常	苦諦（果）（現實世界）	五取蘊（色、受、想、行、識）
諸法無我	集諦（因）（現實世界）	十二緣起　無明、行、識、名色、六處、觸、受、愛、取、有、生、老死
一切皆苦		
涅槃寂靜	滅諦（果）（理想世界）	
	道諦（因）（理想世界）	八正道　正見、正思、正語、正業、正命、正勤、正念、正定

現實世界的認識——

四聖諦的「苦諦」，意指「人生即是苦」的認識，並掌握住現實世界。佛教裡，習慣用諸行、有爲、諸法等名稱來表達現實世界的狀況，所謂「行」（samskāra）意謂造作遷流，由諸因（直接原因）與緣（間接原因）結合而呈現出一切精神與物質現象。視一切事物都跟現實生存息息相關，而佛教就是站在這種立場企圖掌握一切事物，所以，在認識前就不以爲有客觀存在的東西。因此，一切現象就是透過認識所掌握到的世界，而停止認識便意謂這個世界的消滅。這一來，凡表示非常住的流轉面貌那個現實世界，無異眞正認識了「諸行無常」。

如果客觀地表示那種經由認識所掌握的現實世界，那麼，「法」（dharma）即是存在事物的集合。所以，現實世界便稱爲「諸法」了。但是，這些存在事物會跟時間同時消滅與變化。這一來，沒有實體的事物便叫做「無我」（anātman）了。所謂無我，即是「我」（ātman）的否定。「我」就是『奧義書』那些哲人所到達的個人的原理，跟宇宙根元的「梵」相同性質。所以，在佛教提倡「諸法無我」，可說等於『奧義書』哲學的否定。

還有刹那（瞬間）生滅的存在，叫做「有爲」（saṃskṛta）。這個有爲法即現實世界，它得由色、受、想、行、識等五蘊來掌握。色是指一般有形狀、性質，且在變化的物質；受指感受，或叫感情、感覺；想是指浮在心頭的像，相當於表象與觀念；行意謂由造作之義所形成的思考那種心的作用；識是了別之意那種認識作用，叫做意識者也。這一來，可知現實世界不外由外界的色，與內界的受、想、行、識所組成。因此才叫它五蘊（聚合）。不過，這裡說現實世界係由五蘊所組成者，是有五個實體（我），而不是由它組成的意思。

所謂五蘊，即是假和合，而不是眞實存在的情況。無奈，凡夫卻把它取著爲我。這一來，因為凡夫有取著存在的根據，故也叫做五取蘊。可是，這個期盼是會落空的，致使凡夫感到不滿與矛盾。這種不滿與矛盾叫做「苦」。由此可見，「一切皆苦」的斷定就是這樣來的，它即是現實世界所認知的「苦諦」。

現存生起的條件——

四聖諦的「集諦」，即是「苦的集諦」，探究什麼原因讓苦惱集起來呢？凡夫們的苦惱皆由煩惱所集起，但主要原因叫做渴愛（愛）。這是凡夫追求不停的心理狀態，它若呈現於表面就成為欲求，也是對事物執著和固執的原因，妨礙他的正確認知。

緣起說就是探究我們痛苦的現實世界到底為什麼集起來的呢？同時教示我們：只有消滅苦惱的根本原因，才能滅掉我們痛苦的生存問題。誠如原始佛經上說：

「**有此故有彼，此生故彼生。無此故無彼，此滅故彼滅。**」

B的法（存在）出自A的法，其所以如此，係以A為根元才生出B來，亦即建立在這種因果關係上面，而這不在說明生成的過程，而在意謂一定要有A的存在條件，才能認出B的存在。這個條件叫做「緣」，凡藉緣而呈現所有的現實存在，叫做緣起（Pratitya—Sam　wt—pāda）。換句話說，一切存在都不是一種獨立存在的常住不變，而是意謂它存立在相關的關係上面。

佛陀為了要滅「苦」，便思索出苦產生的各種條件。這種思索過程分配成十二支，且使它成立十二緣起（十二因緣）說，而這套十二緣起係滅後歷經相當時間才整理出來的。十二支是指無明、行、識、名色、六處、觸、受、愛、取、有、生、老死。這些支分是「緣痴有行、緣行有識，乃至緣生有老死」。從因到果按照順序思索出來。

還有「老死緣於生，生緣於有，乃至行緣起於無明」從果到因的顛倒思索。同時又指出另一種思索過程是：「緣於無明滅，才有行滅；緣於行滅，才有識滅；乃至緣於生滅，才有老死滅。是故憂悲苦惱滅。」

再說十二支的意義及其成立的關係如下：⑴無明是因為心的迷惑無知，才產生各種作為。這種心的作為叫做⑵行。因此，以無明為緣才有行。這種心的作為叫做⑶識，那就生起識別與意識。故以行為緣才有識。⑷名色指有名稱與形態之物，那叫做個體。在佛教裡，凡在認識前存在的事物本身不予確定，每個個體都透過識才有存在的意義，所以以識為緣才有名色。至於⑸六處是指眼、耳、鼻、舌、身、意等六種知覺器官。因為有知覺對象的個體才能成立，故以名色為緣才有六處。

此外，知覺器官與知覺對象相互接觸才有知覺，那就是感受的成立，故以六處為緣才有⑹觸，又以觸為緣才有⑺受，希望透過感受而有對象，就是⑻愛（渴愛）的產生。故以受為緣而有愛，還有對於對象的渴望即是對它取著，而生起固執。所以，以愛為緣才有⑼取，對於對象懷有慾望，而對它固執的姿態即是我們的生存狀況，那就是現實世界。所以，以取為緣才有⑽有。我們的生存有了⑾生才開始，同時以⑿老死結束，以有為緣才有生，以生為緣才有老死……。

總之，人生的苦惱來自執著，而這種執著是對生存的渴愛才生起，這種渴愛又來自無明，像這一連串的教理就是十二緣起說。這一來，便算成立了「集諦」的認識。

理想世界的設定及其實踐

四聖諦的「滅諦」，即是「苦的滅諦」，認識渴愛即苦的原因必須得消滅。只要能了斷渴愛，就不會生起煩惱，這一來便不會執著生存了。所以，消滅業因，就能到達沒有輪迴的自由世界。這個境界叫做正覺、佛陀、解脫、不死或涅槃等。

涅槃來自梵文nirvāṇa字的音譯，意謂「吹熄」、「滅熄狀態」，譬喻正在燃燒的火被風吹熄的狀態，靠智慧吹熄煩惱的火焰，即消滅苦惱的狀態。因為這是寂靜與最高層次的安樂境界，故叫做「涅槃寂靜」。

※『涅槃經』記載「諸行無常、是生滅法、生滅滅已、寂滅爲樂」。

四聖諦的「道諦」即是「到達苦滅的道諦」，而佛陀指出苦滅的方法爲八正道。那是，⑴正見（正確信仰）⑵正思（正確思惟）⑶正語（正確說話）⑷正業（正當行爲）⑸正命（正當生活）⑹正勤（正當努力）⑺正念（正確憶念）⑻正定（正確瞑想）。

依據佛教所說。不像奧義書的哲人要靠神秘直觀來自覺梵我的同一體，也不像六師外道那樣僅止於苦行與觀念的滿足，而是透過道德行爲的不停實踐，竭盡所能逐漸到達理想的世界，而這才是佛教的教法。

※八正道裡，有所謂正思、正語和正業，即是三業。依照西歐人的想法、行動、言論與思想有區別，例如犯罪行爲那種刑罰對象，通常限於身體的行動，而言論與思想兩種自由可以得到保障。稍微挑撥性的言論與思想，會使人產生極端行動，或促使重大事件的發生，即使到達這種程度，也只限於言論與思想，而不構成犯罪對象。但若站在倫理的觀點來看，這不能不說是重大過失。在印度社會，身（行動）、口（言論）、意（思想）等三業，也就是這三者的業，都被含蓋在行爲的範疇內。在印度，大家有一個特點是，希望用因果關係來理解行爲。善因善果、惡因惡果的理念，凡由自己行爲引發的結果，都由自己負責到底，旁人無法代替。

佛教站在現實生存的認識上面穩定價值體系，因爲輪迴與解脫可以表示它的關係，所以能比擬近世哲學裡存在（Sein）與當爲（Sollen）的關係。基本上，輪迴的論理在行爲方面是結合因果關係的東西，現在是從過去行爲的一切可能性裡，依照自己意思所選擇的行爲結果。自己的行爲責任，應該由自己負責，但是，這項責任一定要在身、口、意三業裡尋求才行。

經典的編輯

佛陀開示自己入滅後，教團要皈依法，這就是說教團的存在應該以法爲中心。在佛教史上，傳說開過幾次結集（編纂會議）。結集意謂教法的共同唱誦，在一群比丘集會上，由大家共同唱誦被編輯的聖典，並承認那是佛說的內容。

第一次結集（王舍城結集）在佛陀入滅那年，在王舍城聚集五百名比丘舉行。由大迦葉當主持人，優波離背誦律（Vinaya），阿難背誦法（dharma），得到大家認可那些內容爲佛說的。

傳說現存的原始佛經就是在那次集會編纂成的，其實，原始佛經是佛滅後二、三世紀之間被整理出來的，所以，有些學者懷疑第一結集的歷史性。不過，大家都認爲律與法的最初期的斷片內容倒是在這次集會裡被認可的東西。

第二結集（毘舍離城結集）是佛入滅後一百年在毘舍離城由七百位比丘集會舉行。

因為有一群在毘舍離城的比丘們都出身華吉族，他們要倡導十事才舉辦這次結集。十事是——

(1) 角鹽淨，為供他日使用，聽任食鹽貯存於角器中。
(2) 二指淨，當日晷之影自日中推移至二指廣間，仍可攝食。
(3) 他聚落淨，於一聚落食後，亦得更入他聚落攝食。
(4) 住處淨，同一教區內之比丘，得不必同在一處布薩。
(5) 隨意淨，於衆議處決之時，雖然僧數未齊，仍得預想事後承諾而行羯磨。
(6) 所習淨，隨順先例。
(7) 生和合淨，食足後，亦得飲用未經攪拌去脂之牛乳。
(8) 飲闍樓凝淨，即未發酵或半發酵之椰子汁，得取而飲之。
(9) 無緣坐具淨，縫製坐具，得不用貼邊，並大小隨意。
(10) 金銀淨，得接受金銀。

這些本來是違法而該被禁止的行為，但是，他們主張這些要合法。因此在教團內引發爭論了。為了收拾這個場面，七百位比丘便集會討論了，結果裁決十事為非法。這項傳說是依據歷史事實推斷出來的。

教團分裂

依據『律藏·小品』上說，關於第二結集以後的教團情勢沒有任何記載。但依據後期錫蘭史傳上說，第二結集是在夏休納加王統的阿須王治世時期舉行，因爲有一萬名比丘不滿意把十事被裁決爲非法，於是，他們又舉行其他結集了。這一來，佛教教團終於走上分裂的局面——保守派的上座部和進步派的大衆部。這叫做根本分裂。

但在喀什米爾的傳承上，有關根本分裂的問題倒沒有發生任何異狀。若依據『大毘婆沙論』上說，大天提倡五事造成爭論原因。所謂五事——

⑴餘所誘；⑵無知；⑶猶豫；⑷他令入；⑸道因聲故起。

指責阿羅漢——證得上座教團的最高覺悟。大天因爲在布薩那天唱誦這首偈而引起爭論，據說仲裁的國王就讓上座比丘們移居到喀什米爾去。這一來，就產生根本分裂——上座部與支援大天的大衆部。

據說第二結集的發端事件是因爲大家爭論比丘們的金銀納受問題引起的。通常由於律的條文訂立都推到佛陀身上，故不論什麼理由，都不允許廢除那些被訂定的條文。然而，由於社會不斷在變動，致使比丘的生活環境也隨著變化，便發覺有些條文不適當了。這一來，便有所謂「淨法」的產生，意謂在既定條文上附帶條件，表示這樣履行亦不算抵觸規定。上述十事是第二結集召開的原因，他們主張律上的詳細規定為淨法，給予違法行為某些合法理。

總之，佛教教團從初期左右開始，便產生兩個不同團體，那就是保守派與進步派的不同傾向。雙方的抗爭逐漸表面化，直到第二結集以後瑪魯雅王朝的阿育王時代，其間竟發展出兩支無法融合的部派——上座部與大衆部。

※依據『律藏·小品』五百犍度（『南傳大藏經』四）記載，在第一結集時，據說大迦葉指責下，阿難發言：「佛陀在世中，曾經提到滅後如果僧伽希望的話，詳細的律規定廢棄亦無妨。」

第4章

部派佛教的展開

亞歷山大遠征印度

佛陀入滅時，恆河流域曾以摩訶陀與拘薩羅兩大王國爲中心，而逐漸併吞周邊小國了，摩訶陀不久在恆河平原上確立了控制權，他們的王統由哈爾雅卡、夏休納加、難達、孔雀諸王朝繼承下來。

亞歷山大在馬其頓起兵統一了整個希臘半島，之後從中東、近東開始擴大疆土，捲席了寬闊的波斯帝國，接著在紀元前三二六年春季侵入印度西北部了。之後，由於他的官兵反對，故等他確立了印度河流域的控制權後，便把軍隊撤回西方，結果在紀元前三二三年七月病逝於巴比倫。

當時，恆河平原尚在難達王朝控制下，大概在紀元前三一七年左右，蔣德拉古普達從印度西北部驅逐希臘的軍事控制權，推翻難達王朝，而創建了孔雀王朝。

他聽從一位婆羅門——維休奴庫普達的勸言，終於完成印度的統一事業，他的版圖從阿拉伯海到孟加拉灣；北自喜馬拉雅山脈起到南邊的（部份）德干高原，西從斯拉休特拉半島起到興都庫什山脈。

※據說維休奴庫普達的政治理念寫在『實利論』這本書上。

紀元前三〇五年，塞雷克斯一世尼卡德爾渡過印度河，企圖恢復昔日被亞歷山大征服的領土，不料戰事失利，便與蔣德拉古普達締結和約了。雙方和談之後，兩個王朝保持友好關係，塞雷克斯派一位使臣叫美加內特內斯駐在孔雀王朝的首都華氏城，蔣德拉古普達統治了二十四年，之後由他的兒子炳德莎拉繼任王位。在他的治世時期，塞雷克斯王朝派一位使臣叫德邁可斯去駐留。還有埃及的普特雷邁歐斯二世派一位使臣叫德歐紐斯西歐去駐在阿育王那裡。

阿育王與佛教

在頻頭婆羅王統治二十五年後，便由他的兒子阿育王（也叫無憂王）繼承王統（紀元前二六八年），他繼承了從蔣德古普達以來的國家統一事業，建造了印度史上最龐大的帝國。他即位第八年征服迦陵迦國，目睹殺傷悲慘的戰況，痛恨之餘，便改變政策，不再用武力征服別人，而改用法來待人。自從佛陀時代起，摩訶陀國頻婆娑羅王併吞安加國，大約過了二百年，就因爲阿育王改變政策，就意謂摩訶陀國擴張主權的時代已經結束了。阿育王曾在岩壁和石柱上銘刻自己的統治理念和生平事業，而這種存在物叫做法勅或誥文（dhamma - lipi）。

到目前爲止，已經發現有四十幾個碑文，內容可分爲七種：

1. 十四章摩崖法勅
2. 別刻摩崖法勅（二章）
3. 小摩崖法勅（四章）
4. 七章石柱法勅（六章石柱法勅）
5. 小石柱法勅（六種）
6. 洞院刻文
7. 皇后法勅

世人從碑文上獲悉阿育王的行政組織，始知它跟『實利論』有關係。地方則有北部州、西部州、東部州和南部州，並以當地州都爲根據地，由太守王子來統治。

阿育王法的內容分成兩類——

(1) 是基本法，即政策原理的公式宣言。
(2) 對特殊宗團的私式書簡。

他設置法的大官舉辦各種事業。例如，對所有人民採取適當措施，在大街小巷種植許多帕亞樹，想讓百姓和家畜都能在這些樹蔭下乘涼，得到受用。同時，他命令大家種芒果樹，每個地點挖掘井泉，並設置休息站，方便人們和家畜有水喝。

爲了人們和家畜建築兩種醫療院，叫人們栽培藥草，同時輪流送往沒有樹根與果樹的地方。他禁止大宴小酌的集會，旨在防止無謂的浪費，因爲這樣吃喝的聚會容易養成浪費習慣，同時，也能因爲禁止殺生，才保護得到會作業的家畜，布施給窮人和老人……

皈依佛教的阿育王希望正法能夠永駐人間，便刻留七種法門要比丘們必須實踐，過去諸王那套娛樂巡遊的習慣停止了，代之法的巡禮，拜訪並布施婆羅門與沙門，向地方人民敎誡佛法，也徵求他們的意見。他訪問和供養藍毘尼和過去佛（拘那含牟尼）的佛塔，派遣佛法使臣到希臘和埃及；又因當時的佛教教團發生分派傾向，他又在皓文上刻下法勅敎誡破僧伽。

依照錫蘭的史傳記載，因爲阿育王大力供養佛敎僧伽的緣故，致使六萬名外道也混入其間，造成阿育王國一片混亂。於是，阿育王聘請莫加利普達德薩來收拾了這種局面。他把分別說以外的非正統說者驅逐出去，並召集一千名阿羅漢來編輯『論事』。這叫做佛陀滅後二三六年的第三結集。

之後，他爲了弘揚敎法，便派弘法師到印度各地去。

普休亞米特拉破壞佛教——

因爲孔雀王朝的中央集權化與經濟統制力還很薄弱，故從阿育王以後就漸漸衰落了。紀元前一八七年，普休亞米特拉軍官一舉滅亡孔雀王朝，而後創立休伽王朝。這一來，印度再度在政治上陷入分裂局面。

普休亞米特拉恢復婆羅門教的祭祀——馬祀，並大力彈壓佛教徒。他破壞了華氏城的雞園寺，直到喀什米爾一帶的佛塔和伽藍都被他毀掉，焚燒經卷，殺

西爾卡普的故址（托古西拉第二都市）

死出家人。這是促使佛教徒生起危機意識和滅法思想的起源。

後人雖然不清楚他爲什麼要破壞佛教？但卻知道他是一位極端西華崇拜者，因爲希臘人又從印度西北方侵入，佛教徒一向對他們頗有好感，反之卻惹起他的不高興，他破壞佛教無異對孔雀王朝的保護政策是一項反動措施。幸好王室有許多人皈依佛教，熱心贊助僧伽，諸如此例可從佛塔裡找到痕跡。

在休伽王朝之後，又來了卡奴瓦王朝（紀元前七五——三〇），他們跟婆羅門教的關係很密切，他們兩個王朝的版圖似乎都限在恆河流域。當時，東印度的迦陵迦王國有一位國王叫卡拉威拉二世（紀元前一七〇年左右），攻打摩訶陀國的王舍城，同時進軍北印度。此外，他又跟印度東南的安德拉國的夏塔卡爾尼王作戰，最後征服拉休特利卡、波夏卡兩國。

印度的希臘王朝——

自從亞歷山大大帝去世後，他開拓的領土就被一群屬下將領們據地佔領了，希臘以東的領土由塞雷克斯王朝統治。在歐克梭斯河與興都庫什山脈之間那塊土地，物產豐富，曾經是亞歷山大為了確保通商道路，便讓部份希臘人以駐屯軍的身份居住。不久，塞雷克斯王朝逐漸衰弱，有一位希臘太守叫德歐德脫斯（紀元前二五〇—二四五）便宣佈獨立，建立了大夏王國。同時，另一位帕爾尼族酋長叫阿爾薩克斯一世（紀元前二五〇—二四八）也宣告獨立而創建了安息王國。

我們獲悉大夏王國的希臘人君主曾經發行過貨幣，上面註明三十九位國王和兩位女王，他們經常同時統治國家，至少有三個家系還互相持敵對狀態。他們依靠這個征

現在的凱帕爾頂峰

服印度，以前歸功於德美特利歐斯一世（紀元前二〇〇—一八五），但從古錢學的立場來看，後人認爲他不曾控制到卡布爾以東。所以，在印度西北部發掘的德美特利歐斯的貨幣，幾乎只到德美特利歐斯二世。

當德美特利歐斯在紀元前一八七年征服了阿拉柯西亞之後，便讓兒子阿加特庫雷斯和帕他雷恩留在那兒當副王。紀元前一八〇年，他們曾從加斯尼遷移到卡布爾，但受到德美特利歐斯二世（紀元前一八〇—一六五）的阻止。

紀元前一六五年，德美特利歐斯二世爲了處理艾庫拉特德斯的叛亂。而返回大夏國時，他們經由卡布爾、凱帕爾的頂峰，而佔據了罽賓，再把控制權擴展到了東帕夏普。他們的首都是塔庫西拉。另一方面，恩庫拉特德斯（紀元前一七一—一五五）得到北方大夏國所有領土後，又征服卡布爾、阿拉柯西亞，越過凱帕爾頂峰，而控制了罽賓以西部份地區。

印度與希臘王國的行政組織多半已經希臘化（例如縣長制度），宮庭的主要官吏多半採用希臘人擔任。公文採用希臘語文，同時用希臘文字與卡洛休特文字來發行貨幣。

彌蘭陀王與佛教

彌蘭陀（紀元前一五五—一三〇）出生於卡布爾附近一個希臘裔的王族家庭。長大後有過一段時期擔任過德美特利歐斯二世的輔政官，但在父王死後繼承王位，定都於夏卡拉。當時的版圖包括加尼斯與卡布爾河流域，與都庫什北部布休卡拉瓦特，與塔庫西拉的罽賓、司瓦特、哈薩拉。

同時征服了罽賓流域的莎客塔、帕達利普特拉，和西印度的瑪德亞米卡，我們以爲這是普休亞米特拉（死於紀元前一四八年）晚年發生的事情。同時，有人說他控制過帕利加薩、庫加拉特，最近卻被人懷疑。

他自稱爲「遵守正義之王」，頗得人民的厚望。他曾跟一位名叫那先長老談到佛教教義的事，結果皈依了佛教。我們曾在司瓦特的辛柯特發現一個舍利壺，上面刻有他的貢獻事蹟。據說他晚年把王位轉讓給兒子後，便出家當了阿羅漢，建立了彌蘭陀精舍。依據普爾達柯斯（四六—一二〇）的記述，他死後的骨灰被分送到印度幾個都市去建塔紀念。因爲他學習佛陀入滅時的故事……。

彌蘭陀王與那先長老有過一段問答，被記載在『彌蘭陀王問經』這部書裡。這部巴利文作品用蘇格拉底那種問答法寫出來。彌蘭陀王死後很快被人從希臘原文翻譯出來，而且有漢譯本流傳下來，書名叫『那先比丘經』（東晉《三一七—四二〇》譯，譯者不詳，有二卷本與三卷本）。有人認爲亞歷山大的作品——『僞亞里士多德的信』，就是倣效『彌蘭陀王問經』的希臘文版而寫的。

『彌蘭陀王問經』的論題，涉及範圍很廣泛，包括智慧、煩惱、輪迴、業、佛陀的實在、教團、比丘資格、出家生活與在家生活，以及涅槃等。本書由兩人的問答內容所組成，包括希臘的思考法——希臘人的世俗君主；和佛教的思考法——出家比丘的觀點，兩者之間呈現思想立場的差異，不失爲一部珍貴的文獻，所以頗受世人的重視。

我們知道早從阿育王時代起，就有希臘人在印度皈依佛教了，從阿育王留下的碑文裡獲悉他們遍及印度西部與西北一帶，曾經贊助不少佛舍利的供養，和窟院、柱子、講堂門與貯水池等。

婆羅門教輕蔑希臘人爲野蠻，反之、佛教徒主張四姓平等，對待不同民族沒有分別心，這一來，也許比較容易讓那群以希臘人爲首的外來民族皈依佛教吧？

塞種族與佛教

自從彌蘭陀王以後，希臘人在印度各地的殘餘勢力，都在許多君王之下互相爭戰，以致被塞族和庫加納族侵入，終於被他們先後消滅了。

塞族原來住在卡斯畢海東部，屬於遊牧民族司基泰人的一種族，從阿凱美內斯王朝開始，便不時侵入波斯國了。在紀元前一五五年左右。他們一部份人侵入安息國，定居在黑爾曼德河流域了。

那裡叫做夏卡斯達納（意謂塞斯但塞族的住處）。一部份司基泰人被大月氏逐出歐庫梭庫河，侵入了大夏國，迫使希臘人敗走興都庫什山以南去。紀元前一二九年前後，再度南下的大月氏便佔住了大夏，司基泰人便緊追在大夏、希臘人之後，越過興都庫什山，侵入了罽賓、喀什米爾。

還有定居在夏卡斯塔納的司基泰人，跟安息人通婚後，混血後裔叫做帕夫拉瓦。紀元前一〇〇年左右。屬於司基泰人的塞族再越過興都庫什山脈，而侵入印度西北部，消滅了殘餘的印度、希臘王國，建立了塞族王國。時間在紀元前七五年左右。但是，這支塞族跟那些定居在夏卡斯塔納的帕夫拉瓦族的關係如何，就很不清楚了。

王朝的創始人叫瑪烏愛斯（紀元前一〇〇～七五），佔領了塔庫西拉以後，把領土擴展到印度河西邊。在他之後，大家知道還有阿塞斯一世、阿塞斯二世、阿吉利色斯、貢德法雷斯、阿普達加色斯、奧爾達古內斯、薩納巴雷斯、帕可雷斯等君王。在印度北部與西北部的塞族王朝的控制權持續到庫加納王朝爲止。

當塞族侵入印度時，他們信仰拜火敎，因爲我們發現夏卡斯塔納曾經爲拜火敎的發祥地。阿塞斯一世建造那座在塔庫西拉的賈德阿爾寺院，祭祀阿夫接．瑪斯達神，宣稱是正義與秩序的代行者。這棟建築深受希臘文化的影響。

大家認爲貢德法雷斯是阿塞斯二世的後繼者（一九－四五）他控制西帕賈普和辛德，受到聖湯麥斯的敎化而回心轉意，其實聖湯麥斯是基督的十二位使徒之一。

自從塞族侵入印度以來，似乎逐漸受到印度各種宗敎的感化。其間皈依佛敎的人數最多，因爲碑文記載不少贊助行爲，故而得知此中情形。例如塔庫西拉的太守——利阿卡．庫斯拉卡的兒子叫做帕特卡，就曾供奉佛舍利；瑪特拉的瑪哈庫夏特拉帕太守有一位妃子也供奉佛舍利，建造佛塔、伽藍；還有拉玖瓦拉的兒子叫休達薩也捐助一塊土地給佛敎。

從二世紀前後起，以烏加印爲中心，曾在瑪爾瓦、卡特阿華爾等地成立瑪哈庫夏特拉巴國家，捐贈過佛教窟院。這些國家的命脈保持到古普塔王朝成立爲止。

部派的形成過程——

在佛教教團方面，自從第二結集引起上座部與大衆部的根本分裂以後，大約在二～三世紀之間，總共造成十八部到二十部左右部派。這叫做枝末分裂，有關部派的發生狀況、分派系統及部派名稱等，由於傳說不同而有些差異。不妨先談分派系統，主要內容舉例如下：

依據錫蘭史傳『島王統史』（分別說部傳承）記載是這樣：

- Ⅰ大衆部
  - 1. 牛家部
    - 3. 多聞部
    - 4. 說假部
  - 2. 一說部
  - 5. 制多山部

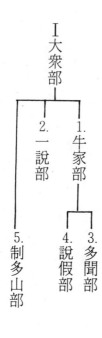

Ⅱ上座部
- 1. 化地部
  - 7. 說一切有部—9. 飲光部—10. 說轉部—11. 經部
  - 8. 法藏部
- 2. 跋闍子部
  - 3. 法上部
  - 4. 賢胄部
  - 5. 密林山部
  - 6. 正量部

在印度以後的分派

1. 雪山部
2. 王山部
3. 義成部
4. 東山部
5. 西山部

（2.–5.：阿陀卡派）

6. 西王山部

到底隸屬那一系統呢?倒無記載，如依錫蘭史傳『大王統史』（分別說部傳承）上記載，可知錫蘭上座部（分別說部）的分派情狀有下列：

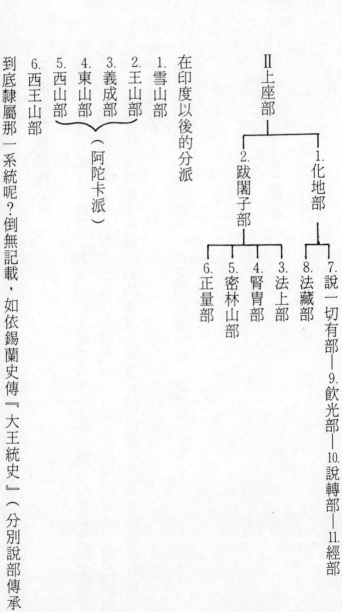

1. 大寺派
2. 無畏山寺派（法喜部）
3. 祇陀林寺派（南山寺派、海部）

其次，依據喀什米爾的史傳『異部宗輪論』（說一切有部傳承），則有下列情形：

（佛滅後二世紀）

I 大衆部
- 1. 一說部
- 2. 說出世部
- 3. 雞胤部
- 4. 多聞部
- 5. 說假部
- 6. 制多山部
- 7. 西山住部
- 8. 北山住部

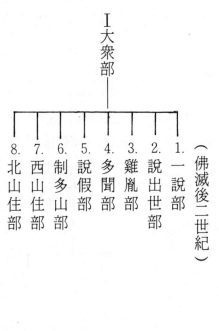

Ⅱ上座部
- 1.說一切有部（佛滅後三世紀）
  - 3.犢子部（佛滅後三世紀）
    - 4.法上部（佛滅後三世紀）
    - 5.賢胄部
    - 6.正量部
    - 7.密林山住部
  - 8.化地部
    - 9.法藏部
  - 10.飲光部（善歲部）（佛滅後四世紀）
  - 11.經量部（說轉部）
- 2.雪山部（本上座部）

這些部派由於主張學說不同，一群徒衆擁戴某位學匠自成集團，以及地理狀況等各種理由，便紛紛形成獨立的僧伽，由於部派有別而呈現不同徽章、三衣色、著衣法和生活規範等。

※『異部宗輪論』有不同譯本叫『十八部論』、『部執異論』以及藏語譯本等現存。

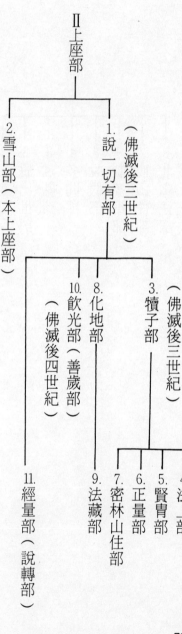

三藏的成立

因爲佛陀的教化活動以摩訶陀國爲中心，所以原始佛經的語言就採用那個地區的方言——摩訶陀語了。不過，由於佛教逐漸傳到印度各地，似乎就用了各個不同地方的方言了。錫蘭上座部因爲從摩訶陀經過西印度的愛瓦特地方才傳到錫蘭，所以也用愛瓦特地方的方言，其間保留有摩訶陀語特質的形態。這種語言傳到錫蘭之後就被整理成聖典語言，而這就是今天南傳佛教所用的巴利文了。

反之，瑪特拉和喀什米爾曾經爲婆羅門文化的中心，當佛教傳到那裡時，就展開方言聖典的梵語化了。但在初期階段倒沒有演變成完整的梵文，只是採用方言與梵語的混合形態，而這對標準（古典）梵文來說，不妨叫做佛教混成梵語。

漢譯的聖典原本是從喀什米爾經由中亞（西域）而傳到中國，近乎古老的東西，但也混合許多方言，還有傳入西藏而被譯成藏文的聖典（七—十三世紀）原文，因爲屬於後期，故進步爲梵語化了。

雖然初期的聖典用口誦傳承下來，但首先被寫成文字卻遲到紀元前一世紀的錫蘭上座部時期。

佛教聖典可分成律、經、論三藏。其間以律與經的成立最悠久，論是比較新的。

律藏到底屬於那一部派呢?我們應該查明它所屬的部派名稱。其間傳承形態完整的律藏有以下六種：

『摩訶僧祇律』（『大正大藏經』二二） 大衆部

Vinaya Pitaka（『南傳大藏經』一—五） 分別說部

『四分律』（『大正大藏經』二二） 法藏部

『五分律』（『大正大藏經』二二） 化地部

『大誦律』（『大正大藏經』二三） 說一切有部

『根本說一切有部毘奈耶』（『大正大藏經』二四） 根本說一切有部

律藏分成三大部份，一是「經分別」—即註釋戒經，而戒經是記載僧伽個人的生活規則；二是「犍度」，記述僧伽在團體的生活規則；三是「附隨」，集錄後期的摘要與附則。

經藏在初期階段叫做法，佛陀教理的斷片式集成，早在阿育王時代叫做法門。在他的法勅上列舉七種：

• 在懷納亞的最勝教法

- 聖系譜（聖住）
- 未來的怖畏
- 聖者之偈
- 寂默行之經
- 優波底沙之問
- 對羅睺羅的教誡

這些都是理解聖典原始形態的重要資料，這些教說不透過內容與編輯形式而被分爲九分教、十二部經。

九分教是：

1.契經　2.應頌　3.記說　4.偈頌　5.自說
6.如是語　7.本生　8.方廣　9.未曾有法

十二部經：

10.因緣　11.譬喻　12.論議

隨著經藏的增多，致使四阿含，也被分成五部了。

（北傳）	（南傳）
『長阿含經』	『長部經典』
『中阿含經』	『中部經典』
『雜阿含經』	『相應部經典』
『增一阿含經』	『增支部經典』
（雜藏）	『小部經典』

凡對經藏中的法加以說明與解釋部份，逐漸形成獨立的文獻群，就是**論藏**，取名爲阿毘達摩或論藏（abhidharma）。起先像『集衆經』、『十上經』（以上都在『長部經典』中）一樣，教說依據法數（三界、四念處、五蘊）來分類，叫做本母（論母）。論藏的作成據說在第三結集時，淵源於目犍連子帝須那本『論事』的編纂而來。

第5章

阿毘達摩及其世界觀

貴霜王朝

大月氏原來住在中國敦煌（甘肅省兩端）的地方，被匈奴人趕到伊犁地方了，接著，烏孫得到匈奴的援助又去攻打大月氏，致使大月氏不得不向西移動，同時在紀元前一三〇年前後佔據了大夏。當時，大夏有脫克哈拉族等司基泰系的種族居住，但屬於脫克哈拉族的五位士侯全都歸入大月氏。在紀元前後，一位叫貴霜的士侯擴展勢力，威脅大月氏，不久就制服其他四位士侯而創建了貴霜王朝。

王朝的始祖叫做「丘就卻」，他侵入安息，佔據了高附，且攻打濮達與罽賓，控制了他們的勢力。在此以前，他跟印度希臘王黑爾麥歐斯共同統治卡布爾地區，不久將它消滅，把殘留在印度河一帶的希臘人與安息人等勢力一掃而光。接著，他爲了確保跟羅馬帝國之間的通商大路，就併吞了絲路要衝——美爾塢。因此，他得到歐克梭斯河流域的統治權，佔據到黑海那條新的貿易路線。

他的後繼者是閻膏珍，他佔據黑拉特、夏卡斯塔那、阿拉客西亞，也併吞印度西部的所有地方，佔據印度河口以及半島西海岸的貿易港。這項計劃不外是從奧庫斯特斯時代以後，由於蒙斯的發現，就利用從紅海到印度洋向東橫切的航路，推向印度河，到達配夏瓦爾，越過興都庫休山脈與帕米爾高原，到達中國的貿易路線。

之後，迦膩色迦繼任王位，但他跟閻膏珍有無血緣關係呢？情況不清楚。他的即位年代尚未確定（有人說一四四年），他定都於普爾夏布拉，東起華拉拿西，南從懷頓雅山脈起向卡特阿華爾半島，西北到卡休加爾、亞康德，和康坦的東土耳其斯坦到阿拉魯海附近的西土耳其斯坦。他的帝國包括伊朗、印度和中國來往的通商要道，對東西文化的交流有重大影響。

加膩色迦以後，尙有華西休卡、加膩色迦二世、夫威休卡、華斯德瓦等王繼位，後來終於被波斯的莎桑王朝夏普爾一世（二四〇～二七二）所消滅。

迦膩色迦王與佛教

閻膏珍信仰印度教，而迦膩色迦卻皈依佛教。在迦膩色迦王發行的金幣裡面，鑄刻著佛像，銘刻有BOΔΔO，且從國王奉獻的佛塔裡發現舍利箱，其間雕刻佛陀與菩薩像，以及禮拜這些刻像的迦膩色迦王像，由此可見他的信仰情形了。

迦膩色迦王皈依說一切有部（簡稱有部）的一位長老叫脇尊者，且扮演一位極熱心的佛教護持者了。據說這位國王還有三位好友——佛教長老馬鳴，大臣馬塔拉，和

塔庫西拉的佛塔

一位名醫賈拉。馬鳴是當時佛教頗具代表性的長老之一，也是位詩人和卓越的布教家。迦膩色迦王從中印度將他聘來身邊當宗教顧問。國王在普爾夏布拉郊外建立一座迦膩色迦伽藍，傳說在他當政時代舉行過第四結集。

國王的首都不固定，春秋兩季住在普爾夏布拉，夏天在卡比西，冬季遷到吉那布庫特，每個地方都建有王宮與伽藍。

阿毘達摩的編纂

罽賓拉是一個文化交流中心，自從孔雀王朝以後，曾經控制過印度西北部的印度希臘王朝、莎卡王朝、貴霜王朝（尤其是迦膩色迦王）為了保護佛教，便從瑪脫拉到喀什米爾，和罽賓、讓有部、正量部、飲光部、法藏部、化地部和大衆部等諸部派蓬勃發展，到處建築僧院。於是，這些僧院便成了佛教研究的中心，不但除了印度地，連西域諸國都聚集一群學僧在埋頭研究。這一來，許多人的目的不禁放在說明和解釋佛陀的敎法上面，結果先後完成了不少阿毘達摩的論述了。

在部派中首推有部的勢力最爲強大，而阿毘達摩在這方面的進步十分顯著。有部傳承有七論，就是——

『集異門足論』二十卷（『大正大藏經』二六）
『法蘊足論』十二卷（『大正大藏經』二六）
『施設論』七卷（『大正大藏經』二六）
『識身足論』十六卷（『大正大藏經』二六）
『界身足論』三卷（『大正大藏經』二六）
『品類足論』十八卷（『大正大藏經』二六）
『阿毘達摩發智論』二十卷、異譯『阿毘曇八犍度論』三十卷（『大正大藏經』二六）

以上也叫做有部的「論藏」，其中以前面兩論的成立最悠久，『發智論』由紀元前二～一世紀的迦多衍尼子發表的；前面六本都冠以「足論」之名，但『發智論』也叫「身論」。意謂六足論裡探討的諸項問題，都在身論方面被總括式地組織起來，藉此才確立了有部教學。『發智論』係由雜、結(煩惱)、智、業,大種(地水火風四元素)、根、定(禪定)、見(學說)等諸項組成,故這本著作可說是從有部的立場來解說的一種佛教概論。

據悉佛教傳向錫蘭始自阿育王時代的摩哂陀,錫蘭國王德華南姆比亞特莎曾經皈依摩哂陀,並在首都阿奴拉達布拉建立大寺廟。這是錫蘭上座部的起源。之後經過二百十幾年,才建築一座兼備大乘教學的無畏山寺,致使兩派之間紛爭迭起,結果是大寺派的傳燈得以維持下來。今天如緬甸、泰國、高棉、柬埔寨等地流行的南傳佛教,也都隸屬於大寺派系統。

錫蘭上座部(分別說部)也成就了七論,就是——

『法集論』(『南傳大藏經』四五)
『分別論』(『南傳大藏經』四六—四七)
『論事』(『南傳大藏經』五七—五八)
『人施設論』(『南傳大藏經』四七)
『界論』(『南傳大藏經』四七)
『雙論』(『南傳大藏經』四八—四九)

『發趣論』（『南傳大藏經』五〇～五六）

以上都是上座部的「論藏」，世人認爲它們成立於紀元前二五〇～五〇年。除此之外，尚完成不少論書，而那些不妨叫做「藏外」。在藏外裡，有一部屬於比較早年者，即是『彌蘭陀王問經』（『南傳大藏經』五九上—下）

除了以上二部派以外，尚有下列論藏現存著：

『舍利弗阿毘曇論』三十卷（『大正大藏經』二八）法藏部

『三彌底部論』三卷（『大正大藏經』三二）　正量部

『成實論』十六卷（『大正大藏經』三二）　經量部

唐玄奘曾在七世紀去印度旅行，之後寫一部『大唐西域記』，其間提到有部、上座部、大衆部、正量部、化地部、飲光部、法藏部等三藏存在。

註釋書的成立——

有部教學的中心在喀什米爾、罽賓，其中以罽賓比較進步。反之，喀什米爾的保守傾向很強烈，在教學方面雙方都呈現若干差異。『六足論』與『發智論』成立之後，便有許多人紛紛對這些論著展開註釋研究了。歷經了兩百多年，有一位註釋家叫做毘婆沙師是阿毘達摩研究的集大成者，著有『阿毘達摩大毘婆沙論』二百卷（『大正大藏經』二七）。

雖然，『婆沙論』針對『發智論』採取逐字註釋的方式，但卻批判喀什米爾以外關於有部方面的異說，譬喻者，分別論者，大衆部的學說，數論、勝論等外道說，努力確立有部的正統說。

本論包括世友、法救、妙音、覺天等四大論師的學說，有人認爲那位編纂主任——脇尊者也是本論的主要執筆者。依據傳說，迦膩色迦王曾經命令脇尊者在喀什米爾聚集五百位阿羅漢，且要他們編纂本論。

塔虎脫伊巴哈的僧房遺蹟

這叫做第四結集。

自從本論成立之後，有部的教學大概到了確定階段，奈因本論太過龐大，故有必要作成綱要書摘錄它的教義。結果出現尸陀槃尼的『鞞婆沙論』十四卷（『大正大藏經』二八）、法勝的『阿毘曇心論』四卷（『大正大藏經』二八），但對於後者倒有些解釋出來，例如優波扇多的『阿毘曇心論經』六卷（『大正大藏經』二八）、法救的『雜阿毘曇心論』十一卷（『大正大藏經』二八）等，之後有一位鼎鼎大名的世親（四―五世紀）便以這些論書爲基礎而寫出『阿毘達摩俱舍論』三十卷（『大正大藏經』二九）。

至於錫蘭方面，早從一～二世紀開始，論師輩出，成就了許多註釋書，古註有『大義疏』、『安達卡疏』、『大帕加利』、『庫爾達疏』、『略義疏』、『北寺疏』等，都用錫蘭語寫作，到了五世紀便有佛音、佛授出現，他們參考古註之餘，就用巴利文著述新的註釋書，致使古註消失了，佛音的代表作有：

『清淨道論』（『南傳大藏經』六二―六四）

其他尚有許多針對『律藏』、『長部經典』『中部經典』『相應部經典』『增支部經典』『法集論』等而寫的註釋書。

『俱舍論』的體系

世親出身罽賓，最初信奉小乘，後來轉信大乘。他曾在喀什米爾研習『大毘婆沙論』，把綱要歸納出來，同時寫作一本『俱舍論』。所以，本書可以說是簡單摘要論述有部教義體系的作品。內容分成界、根、世間、業、隨眠、賢聖、智、定、破我等九品（九章），一面沿襲『發智論』的立場，一面利用『阿毘曇心論』來修正。他將有部的教義加以體系化，既不執著毘婆沙師的說法，也能參考其他部派，尤其參考經量部的觀點，用批判態度執筆等，無疑是一大特色。

界品明白表示爲諸法（存在）的本體，而根品爲諸法的作用，這些就構成轉迷開悟的基礎部份，也可說是『俱舍論』的精髓。那就是無爲法、色法和心法等諸法的解說，並形成十八界，之後指出二十二根，說完了心所法，心不相應行等諸法以後，又明白探究六因、四緣和五果的因果論等。

世間品叙述迷界的果，業品指出迷界之因，隨眠品談論迷界之緣，來解釋輪迴轉生。換句話說，世間爲迷惑的結果，有情世間是生類的世界，器世間是生類居住的山川和大地，而世間可以分成有情世間與器世間兩類；同時，器世間是透過成劫（成立期間），住劫（穩住期間），壞劫（遭破壞期間）和空劫（破壞完畢什麼也沒有的期間）等四劫而循環不已。

生類有「四有」，即生有（出生瞬間），本有（從出生到死亡期間），死有（死亡瞬間），中有（死後到投胎轉世的期間）。那就是四種生存形態，靠十二因緣來投胎轉世。迷惑原因即是業（行爲），可以分成身、語和意等三業，至於身業與語業則可區分爲表業與無表業兩種。意謂向別人表示那種表業會瞬息消滅，但表業會把殘留在身內的餘力看作實體，並以這種無表業方式繼續存在。迷惑之緣爲隨眠即是煩惱，衆生會因此而造業，同時接受苦報之餘被迷惑世界套住了。煩惱可分爲根本煩惱與枝末煩惱。

四聖諦是佛教最基本的眞理，有人對此迷惑而在思想上碰到知性的煩惱，這叫做見惑（八十八使），凡對具體性的每件現象都感疑惑，且根源於這種人性的情感煩惱叫做思惑（修惑，十種）。見惑與思惑合計起來，叫做九十八隨眠。

※在說一切有部裡，九十八隨眠加上十纏，也就是加上隨煩惱，便叫做一百零八煩惱。

賢聖品把修行的果弄明白，智品則把修行的因搞清楚，定品卻使修行之緣明確起來。換句話說，賢聖是修行的兩種階梯，賢位有三賢與四善根，而聖位有有學與無學的區別。還有聖位也解說四向四果，無學位的阿羅漢果被看作佛弟子間聲聞的最高覺悟。

修行原因的智，可以分成有漏智（跟煩惱密切連繫的智）與無漏智（跟煩惱斷絕關係的智），且在無漏智裡又分爲法智（觀察俗界四諦的智），與類智（觀察色界、無色界的四諦）。定能使人生出無漏智，換句話說，把心專注於一種對象，別讓它散亂的禪定，又可分爲生得定（只要出生色界與無色界，便能得到這種先天的定）與修得定（在欲界努力修行，所得到的後天的定）。

破我品是從佛教無我說的立場，來駁倒外教與其他派的有我說，這是他提出破我品的目的。

包括全部存在——

『俱舍論』所以能在佛教學的基礎理論方面，長期間得到如此好評，不外因爲它的教義透過上述那種完整體系論述出來。不過，其中值得一提的是，他有一項論理想要用五位七十五法來包容諸法——全部存在。

雖然，這一點在界品與根品裡看得出來，但是，七十五法是將存在加以分析而得到的一切要素。這些全部存在包括色、心，心所、心不相應行，和無爲等五位，意謂都被包括在五種範疇裡。

※五位分類已在『品類足論』裡看得很明白，而七十五法的計算係根據唐代善光（六六四——）那本『俱舍論法宗原』。

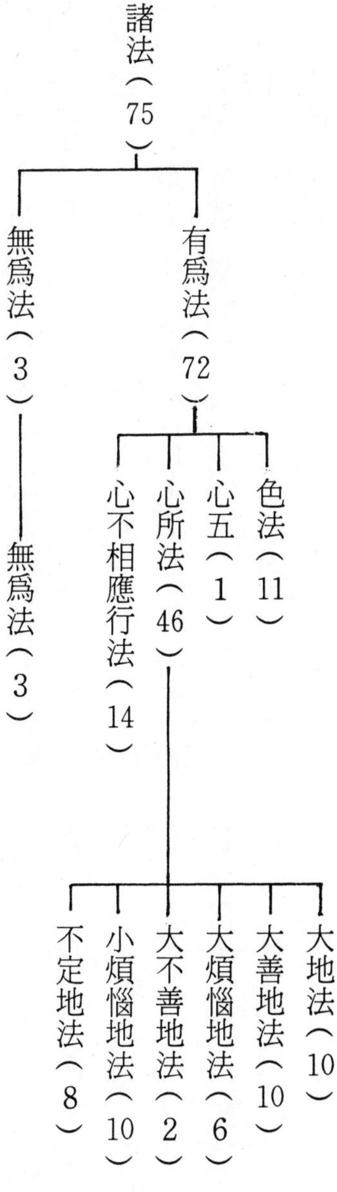

「色」是指一般會變化破壞，具有形態與性質的東西。由微細的原子那種極微之物組成的，具有堅、濕、煖、動等性質，依照地、水、火、風四種元素的增減而形成各種物體。初期佛教藉著認識機能之所依而建立六根，認識這個所生的場所爲六根處，對應各處的客觀領域（六境處）不妨加以設定。

這十二處可以這樣比擬——「色」是眼根、耳根、鼻根、舌根、身根等五根，加上色境、聲境、香境、味境、觸境等五境，相當於這樣十處，再加上無法表示的色

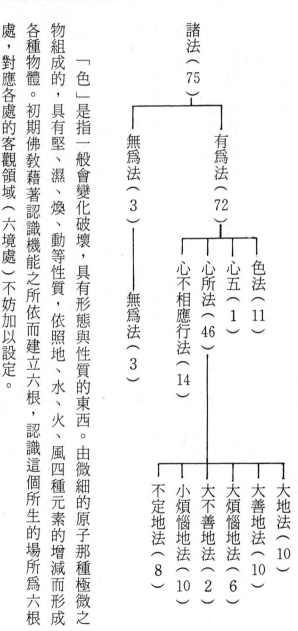

——無表色（等於無表業），就變成十一法了。

「心」是指精神作用的主體，即一法也。

「心所」是指心所有法的簡稱，意謂心的作用，可以分成六類四十六法。

(1) 大地法（伴隨心識而生起某種心的作用）

受、想、思、觸（接觸）。欲、慧、念、作意（讓人向外境而發動）、勝解（明白對境）、三摩地（讓心專注於一境的作用）。

(2) 大善地法（伴隨一切善意而生起心的作用）

信、勤、捨（使心能平安）、慚（內心自覺犯罪）、愧（在別人面前覺得自己犯罪）、無貪、無瞋（不憤怒）、不害、輕安（使身體能輕利安適，使心承受善事）、不放逸。

(3) 大煩惱地法（讓心生起惱亂的心的作用）

無明、放逸、懈怠、不信、惛沈（讓心下沈暗淡）、掉舉（心忐忑靜不下來）。

(4) 大不善地法（伴隨所有不善心而生起心的作用）

無慚、無愧。

(5) 小煩惱地法（性質惡劣，只伴隨意識而生起心的作用）

忿怒、覆（掩蓋罪惡）、慳（吝嗇）、嫉（嫉妒）、惱、害、恨、諂（奉承）、誑（迷惑別人）、憍（驕傲）。

(6) 不定地法（性質既非善亦非惡，不伴隨任何心的作用）

惡作（追憶善惡作爲而後悔）、睡眠、尋（調查不道德事物）、伺（追求詳細的事物）、貪、瞋、慢、疑。

「心不相應行」是指沒有被包括在色、心、心所內的有爲之存在要素，把法兼備於未來與現在的「得」；法離開色和心時候的非色與非心看作實在狀況；兼備於過去與未來的「非得」，相當於衆法的等同、類似之因「衆同分」；相當於無念無想之禪定的「無想果、無想定、滅盡定」；相當於生命之持續力的「命根」，使色與心的諸法能生起、安住、衰異和滅壞那種存在狀態「生、住、異、滅」，表現文章與語言的「名身、句身、文身」等十四法統都被包括在內。

「無爲」可以舉出三法，一是表示存在場所那種空間—「虛空無爲」，二是透過智慧力量脫離煩惱繫縛—「擇滅無爲」，三是由於缺乏必須生存之緣，致使法停留在可能潛在狀態—「非擇滅無爲」。

存在要素那種性質的法——

誠如上述，『俱舍論』就是透過法將一切存在加以分類出來，而這種法以存在要素性質被看作實體。例如瓶子被分割之後，便什麼也沒有。諸如此類的存在叫做「世俗存在」。

反之，如果是一個青色瓶子，那麼，即使瓶子被分割，「青」也不可能消失。如將瓶子無限破碎下去而變成「極微」的話。那些「青」也仍不失其存在性。

由此看來，不必依存其他，它本身就能存在的東西就是「勝義的存在」，這叫做法也。還有「貪婪」這種心的作用，乃是不能做以上分析的存在要素，但會有某種力量使心底生起貪的感情，所以，這也是勝義的存在。這一來，法就叫做「擁有自性的東西」、「有實體之物」了。

可見在有部教學方面一直重視實在論傾向，結果使人認爲法的實體必須實際存在於過去、現在和未來的東西，以至讓人們給它貼上標幟——三世實有和法體恆有（如果三世實有的話，法體便是恆有）。

因果關係的分析

在說一切有部裡，使用六因、四緣和五果的因果關係來解說諸法的關連性。所謂六因者，即是能作因、俱有因、同類因、相應因、遍行因和異熟因。其間，

⑴能作因是由於自己出生，致使其他所有的法都成爲它的幫助。

⑵俱有因是指因果同時、互相爲因爲果的情況。

⑶同類因就像善因善果、惡因惡果的樣子，相同性質的法成爲這種法的生起之因。

⑷相應因是指心與心所同時存在相互關係，故俱有因的特殊情況。

⑸遍行因是指同類因的特殊關係，故叫做異時因果的關係。

⑹異熟因是像善因樂果、惡因苦果的情形，果跟因不同而成熟的情形。

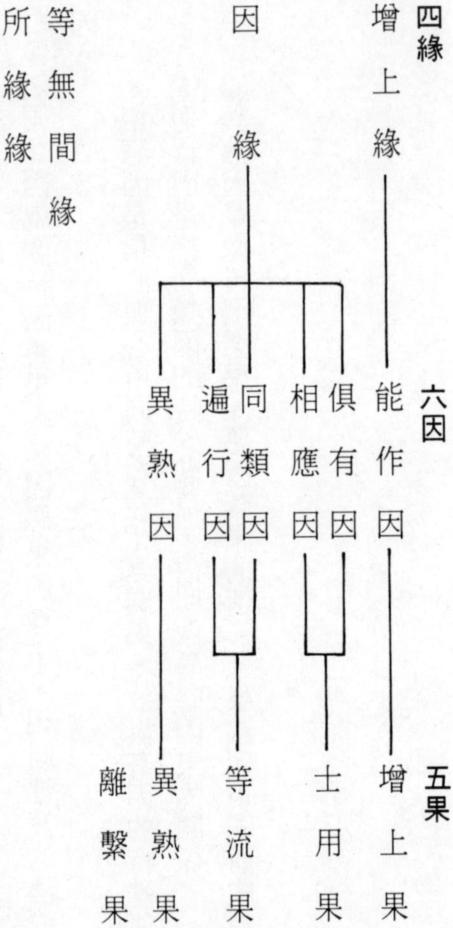

針對以上六因而設定五果——異熟果、增上果、等流果、士用果、離繫果。⑴異熟果是爲了對應異熟因。⑵增上果意謂優秀的果，即能作因之果。⑶等流果是指同類因與遍行因之果，因與果相同性質的情況。⑷士用果是指俱有因與相應因之果。士用指人類的活動，因的法（體）即原本的果體。六因被收攝在以上四果裡。⑸離繫果爲擇滅（涅槃），叫做覺悟。擇滅是透過修行來證明，因爲擇滅是無爲法，故依靠有爲產生是不合理的。由此看來，擇滅是果，而沒有因。

四緣是指因緣、等無間緣、所緣緣和增上緣。其間如⑴因緣是攝取六因中的能作因以外之五因。⑵等無間緣不在物質裡，只存在心與心所中。當心與心所連續生起時，以前的心與心所之滅，就成爲下次的心與心所生起之條件了。⑶所緣緣是指認識的對象。例如眼識及其相應的心所把一切色當作所緣緣。⑷增上緣相當於六因中的能作因。

輪迴與緣起

有部說世界的生成與消滅在循環，有情衆生也一樣在反覆生生死死、循環不已。這叫做輪迴轉世。生靈的輪迴所在分成地獄、餓鬼、畜生、人間和天界等五趣（五道）。有情衆生的出生方式有卵生（鳥類）、胎生（動物）、濕生（蟲類），化生（天界）等四生。還有出生瞬間叫做生有、之後到死亡中間叫做本有，死亡瞬間叫做死有，從死有到下輩子的生有之間叫做中有，因此分成四有。

有部主張這種特殊學說——用十二緣起解釋這套輪迴的生存。換句話說，有部將無明與行解作「過去的二因」；把識、名色、六處、觸、受解作「現在的五果」；把愛、取、有解作「現在的三因」；將生與老死解作「未來的兩果」。由此可見，因爲十二緣起的十二支分配成三世，因果形成雙重，所以這種說法叫做三世兩重因果。惑或煩惱因爲造業而起，由於苦的生存反覆不已，從業招感到果的立場來解釋十二緣起，故也可叫做業感緣起。

雖然三世兩重因果說將初期佛教的十二緣起這套本意撇開，而自成一種學說，但它用緣起來解釋輪迴的現狀，之後便一直規制佛教思想，直到今天還在日本人的內心持續著。

第6章

印度教與大乘的興起

婆羅門教的復興──

從佛陀到孔雀王朝時代(紀元前六—三世紀)的印度,向原來阿魯雅文化的中心地區(婆羅門中國)對抗,相當於新興勢力的抬頭時期──以東方邊境摩訶陀爲基地的新勢力。這股推動力的來源是五族掌握了強大權力,和都市的資產家階層從事貿易致富;在他們的支持下,才使其間的反婆羅門那股佛教與耆那教發展得起來。

這段期間的婆羅門失去了奧義書出現前那股無限制的創作精神,而陷入沈滯狀態中,然而,他們到底佔據大部份國土,曾在生產基地的廣大農村紮了根,所以還不到衰微的地步。況且他們的社會特性在政治面與文化面都能發揮相當大的指導作用。加上孔雀王朝統一國家,頗能讓社會得到安定,還有吠陀聖典的研究亦很盛行。這一來,許多人企圖整理過去的知識,致使這類綱要書的編輯也似乎很起勁。

古代的「梵」可說是學問的萌芽,因爲它包括許多方面的思考,而這些思辯逐漸被專人分類整理,以致形成六種吠陀的輔助學問了。那就是音韻學、儀禮學、文法學、語原學、韻律學和天文學等,各方面都有綱要書傳承下來。其間首推儀禮綱要最重要,內容可分下列四種:

(1) 天啓經：依照天啓聖典規定大規模的祭事。
(2) 家庭經：處理家庭小規模的祭祀儀禮。
(3) 祭壇經：談論祭場與祭壇的規矩。
(4) 律法經：以社會生活法爲對象的綱要書。

孔雀王朝崩潰之後，持續幾個世紀（紀元前二－紀元後三世紀）都處在小國割據的政局，偶而有重要的異族侵入，反而促成閉鎖性的農村社會，目的在維持經濟的自給自足。再由於休加王朝、夏塔哈那王朝等推行婆羅門教的保護政策，結果促使婆羅門教復興了。由此可見，固有律法經與家庭的規範，致使農村社會得到保障，連婆羅門教一向採用的語言——梵文也由於文法的確立，不但成了文化語言，也變成公用語可以取代摩訶陀語了。同時，它被嵌入地方部族信仰與民俗信仰——吠陀的教義體系裡，讓婆羅門教與土著居民的結合更加強化起來。

這一來，婆羅門在印度社會到達頂峰，並確立一套特殊的階層制度了。

印度教的形成

以婆羅門爲中心的阿魯雅人，吸收地方的部族信仰與民俗信仰，之後適當運用阿魯雅的社會制度，結果就擴大了他們的控制與文化。這就表現出部族社會的「阿魯雅化」。這種傾向早就應該向『吠陀』的呪法要素，和『奧義書』的新思想挑戰了。但是，統一國家成立以後，這種傾向更加發展，致使婆羅門教本身不得不變質了。

婆羅門教的變質在神觀的變遷方面出現。吠陀的諸神地位日漸下滑，變成極端無力的存在了。這種現象被認爲在叙事詩『瑪哈帕拉塔』（紀元前二－後二世紀）上面最顯著。大家發現諸神的性格不一樣了，統統不會死，都在空中自由活動，住在天界，再從那裡任意下凡來。他們說世界分爲四個時期在反覆生成與消滅。還有苦行者和仙人都回歸到神以上的能力，且認同呪詛有超自然的威力。

除了諸神與聖仙以外，其他可當作畏敬對象者，應該算是阿修羅、非天了。本來，這些早在吠陀裡提過，跟伊朗宗教的阿夫拉瑪斯達相通，殊不知在此卻扮演某位能使諸神恐怖的角色，精通妖術魔法和可怕的戰士，能夠變現自在。另外如羅刹、毘舍遮、夜叉、龍、犍達婆、緊那羅等也是崇拜對象。

還有樹木，尤其是菩提樹、榕樹、優曇華等樹，都被看作諸神的住處，或某種神而被人崇拜，山川、象、猿、金翅鳥等也成了信仰對象，這些諸神的存在全都隸屬在毘紐天、濕婆天和梵天三大神的管轄下。

梵天正是古代奧義書上被確定的宇宙原理——「梵」所神格化出來的東西，不時被人尊崇爲最高之神，奈因缺乏個性，致使他的地位被其他兩神佔去了。反之，濕婆天與毘紐天都擁有廣大民衆的信仰根據，才被大家畫蛇添足，附上許多話題。

雖然濕婆天生自梵天，但也有人說他是從毘紐天的額裡出來的，故有四個面。他靠東方面控制萬有，靠北方面跟烏瑪妃子悅樂；靠西方面使生靈喜悅，也靠南方面破壞一切。他有三隻眼睛（太陽、月亮、火），以槍、弓、戰斧和三叉杵當作武器。他有許多個名稱，隸屬於兇暴與柔和等兩種性質的某一種。他是一位萬物的創造主（獸主），也是位苦行者模範，和眞正的瑜伽行者，喜好音樂和舞蹈。

濕婆天的起源來自吠陀的魯德神。其中來龍去脈不太清楚，只知疾病之箭突襲人類的山林之神。他跟另一位豐富多產之神有關連。我們從印度河文明的古蹟裡挖出不少遺品，就發現其中有這種神的原型像貌，可見它來自土著的信仰。

濕婆天代表印度宗教的苦行面，反之，毘紐天卻代表溫和的人性面。他是阿德特女神和卡夏巴聖仙兩位結合生下的最小兒子。住在蒙達拉山頂上，他的住處比梵的住所還要高，放射永恆之光。他有四臂、蓮華眼睛、穿黃衣乘坐八個輪子的黃金車，以金翅鳥爲旗標。運用輪寶，螺貝、棍棒、弓當武器。他跟濕婆天一樣有許多個名字，跟瑜伽行者一起，更重要的是，他代表一種權化來世間的思想，那就是他到世間來要懲罰惡人，拯救善人。權化數量隨著時代增進而加多，毘紐天扮演恩寵之神的角色，極能親近廣大民衆。

毘紐天的起源早在佛陀之前，在北印度混血阿魯雅人的王族之間，有些信仰惟一神巴卡瓦特世尊，其實他是早年吠陀一神格威休奴的現身。

由此可見毘紐天與濕婆天的崇拜，彼此一面相互影響，也一面藉此發展起來。直到紀元後才確立各種古談中的萬神殿。所以，以上三位神被看成一體。在這種情況下，歷來的婆羅門教雖然吸收了土著的信仰，其要素毋寧說佔有很大的比重，而這種變質的宗教也叫做印度教。

『巴卡瓦特·基塔』（Bhagavad－Gitā）

本書原來是巴加瓦特派的聖典，而今被編入『瑪哈巴拉塔』（Mahābhānata）裡面。這種教法早在佛教興起前就有，出現於中印度西部，惟一神叫華司特瓦，也以他爲本尊，只要專念皈依這位惟一之神，必能得救無疑。這種信仰叫做「信愛」。『瑪哈巴拉塔』的勇士叫做庫李修納，在本派被信徒看作本尊一樣而得到他們的崇拜。本尊叫做巴卡瓦特世尊，而讚嘆世尊的歌叫做『巴卡瓦特．基塔』。大家認為本書完成於紀元前二世紀左右，之後傳到東方，庫李修納被信徒看作毘紐天．拿拉雅納神一般。

本書是印度人最愛唱的詩篇，數得上是一本世界性的宗教文學，它吐露了宗教精神。內容是藉著血緣抗爭這種沈痛場面，具體說明怎樣調伏道德的葛藤？其間大力稱讚神的巨大恩寵精神，超越恩愛的正義觀念，和熱烈皈依一位神，尤其表現某種權化思想——為了教化芸芸衆生而再三現身在這個世間。大家認為這種教說大大影響到後來大乘佛教的精神。

佛陀觀的發達——

雖然佛陀曾經開示自己入滅後的教團應該皈依「法」，無如對於在家信徒來說，懷念佛陀人格的情感卻不是這樣簡單能夠切斷的。因為規定在家信徒要供養和建立佛陀的舍利塔，所以很早以來似乎就很流行佛舍利的崇拜了。

據說孔雀王朝的阿育王打開佛滅時建造八座塔中的七座，將佛舍利分配到全印度，並建造八萬四千座佛塔來供奉。藉這件事蹟為契機，大力獎勵大家建立佛塔，和供養功德，流行到全印度。這一來，大家透過佛舍利的崇拜，靈跡巡禮與供養，直到今天仍然思念早已圓寂之佛陀的功德。無限景仰佛陀的心，無疑希望偉大的救世主出現，同時竭力使這位理想人物具體化出來。

在佛陀時代，在釋迦這個主要地區似乎有一種過去佛的信仰。意謂過去有幾位佛依次出現世間救度過芸芸衆生了，也在最近的未來會再有佛出現人間，他們似乎有這類過去佛的信仰習慣。後來就逐漸釐清出六佛與二十四佛來，但若加上釋迦牟尼佛，就叫做過去七佛或二十五佛（耆那教亦有類似傳說）。七位佛是——

1. 毘婆尸（Skt. Vipaśyin, Pāali Vipassin）
2. 尸棄（Skt. Sikhin, Pāli Sikhin）
3. 毘舍浮（Skt. Viśvabhuj, Visvabhū, Pāli Vesabhu）
4. 倶留孫（Skt. Krakucchanda, Pāli, Kakusandha）
5. 拘那含牟尼（Skt. Kanakamuni, Pāli Koṇāgamana）
6. 迦葉（Skt. Kāśyapa, Pāli Kassapa）
7. 釋迦牟尼（Skt. Śākyamuni, Pāli Sākyamuni）

其中從(4)—(7)四位佛叫做賢劫（現在住劫）四佛。若依阿育王的法勅上說，有一種修築拘那含牟尼佛來供養的傳承。還有『高僧法顯傳』提到拘薩羅國有一種傳承，當中國巡禮僧法顯在五世紀拜訪該地時，發現一批提婆達多的徒衆，居然在供養過去三佛（⑷—⑹），反而沒有供養釋迦牟尼佛。這情形暗示他們不同於正統派的佛教僧伽，只是維持古老信仰與生活方式的宗團。

還有一種信仰是彌勒佛（Skt. Maitreya，Pāli Metteya）會在將來出來救度衆生。有人以爲這種信仰淵源於梵文的麥特雷亞與米特拉，他們都是古代伊朗與印度的神，而這種信仰從希臘盛行到埃及。他們信仰彌勒在五十六億七千萬年後會以救世主的姿態出現人間，而今住在忉率天，至於馬上上升忉率天呢？或死後往生那裡去呢？還是希望永遠停在地上央求彌勒佛再世呢？可沒有明確的交待。

因爲徒衆懷念佛陀是一位偉大的救世主，後來情不自禁就把佛陀描畫成一位理想形象——「圓滿人格者」（如來）。許多佛陀傳記的文獻就是在這項目之下，讚嘆佛陀的德行恩惠。而將他粉飾成超人類的形象。這一來，佛陀自然從人間佛陀神格化起來，而這種傾向似乎在孔雀王朝期間看得出來。

如來的十種稱號，足以表現這個理想形像。那就是⑴「如來」即如實來到者，眞理的證得者。⑵是「正偏知」，意謂正等覺，追究正確的道理，凡事無所不知的人。

⑷是「明行足」，意謂具有明知（三明）與德行（身、口、意三業）的人。⑸是「善逝」，意謂一位如實到彼岸（解脫），不再浮沈於生死海上的人。⑹是「世間解」，意謂一位熟知世間存在的人。⑺是「無上士」，意謂一位無上的士夫，人中的最勝者。⑻是「調御丈夫」，意謂一位能教化所有丈夫（人），讓他肯步上修道的人。（⑺與⑻可以算作一種）。⑼是「天人師」，意謂一位能用正法教導人天者。⑽「佛世尊」的「佛」指如實知見一切法性，成就正等正覺者。「世尊」指具足一切功德、利益衆生，令世人尊敬者。

這樣看來，被神格化以後的佛陀，好像在世人眼裡具有種種特相了。例如，三十二相、八十種好是佛陀身體的卓越徵相，後代人雕刻或描畫佛像都以這些爲造形榜樣了。

上座佛敎說，阿羅漢修行目標在求圓滿的人格，爲了如願以償，就得實踐許多階段。覺悟愈圓融，就愈不是凡夫懶洋洋的修行能夠成就，反之，非有不斷努力不可。若想成佛作祖，就一定要長期間不斷努力修行。這一來，就出現一種論點說，不僅靠現世努力，還得有過去世的善行福報才能成佛。這是奧義書以後，善因生善果，惡業生惡果的業生思想進入佛敎裡。

因此，出現一連串故事描述佛陀在前幾輩子曾經出生爲各種動物，累積許多善行……而這些文獻就稱爲『本生經』。

這樣看來，佛陀現在的果，顯然跟他過去所造的善因有關連，而從這套思考形式裡自然發展出一種思想——倘若現在能累積無限的善行，就會變作善因，那麼，將來必能生出成佛作祖的果報了。在這項推論下，就先後出現所謂授記作佛的故事了，意謂佛陀會授予衆生成佛之記（保證）。

大乘的源流

在部派佛教裡，喀什米爾是上座系說一切有部的根據地，它跟當時文化交流中心——幹達拉地區鄰接，得到貴霜王朝迦膩色迦王很多保護而得以興隆與發展，結果成就了不少有系統的論作。若從思想開展方面說，在理論研究這一點，無疑是對佛陀教法的必然結果，但它也有缺陷，就是這種傾向會終結在分析性理論的穿鑿附會上面。

他們會扮演修道僧的角色而生活在僧院裡，目的只想修成阿羅漢，而忘了救度衆生這項佛教的原來立場。所以，他們對上座教團這種消極傾向頗爲不滿，自然就生出第一種以救度一切衆生爲理想的目標了。

教團的進步傾向已經漸漸從大衆系諸派裡顯露出來了，他們努力修行的理想不在做自了漢——阿羅漢，而是想成佛作祖。凡是朝向這項目標努力的人叫做菩薩（菩提薩埵），企圖證悟菩提，他們跟聲聞（佛弟子，上座教團）不一樣，因爲聲聞視阿羅漢爲最高覺悟。菩薩是爲了救度衆生而說「願生惡趣」，這一來，便由業生的立場發展出一種願生的新思想了。

有關存在論方面，雙方觀點不一樣，有部主張三無爲，用生、住、異、滅等四相來建立三種不變的存在；反之，有衆部主張九種。那即是九無爲——擇滅、非擇滅、虛空（三無爲）以外，叫做空無邊處、識無邊處、無所有處、非想非非想處（四無識定，即禪定階段）、緣起支性（十二緣起）、聖道支性（八正道）。有部指出實在論的傾向，反之，大衆部所以把禪定階段、緣起和八正道看作不滅的眞理，因爲這一派根據一項原則——重視實踐倫理。

有關時間論方面，有部主張三世實有、法體恆有；反之，大衆說只有現在才算實有，而過去與未來皆無體也；一說部（大衆部的支派）認爲三世只是談談罷了，全都不是實體；說出世部（大衆部的支派）認爲世間全是假的。

由此可見，大衆系諸派的論點跟後來的大乘思想頗有關係。便說最初期那本大乘經典『般若經』是在大衆系諸派發達的南印度完成的。這項事實可說是一件推論證跡，即大衆部思想促成大乘的發展，但話又說回來，大衆部始終是出家敎團，不能即刻斷定它即是母胎本身。

善行生善果，惡業生苦果，這是佛敎倫理觀的基本性思考形式，很多人用它做譬喩來敎化一般民衆。於是，所謂譬喩文字等一群文獻就紛紛出現了。同樣傾向在佛陀傳記裡也屢見不鮮，大家好像都透過這種文學性表現來描寫釋尊的偉大。

著名的佛敎詩人有迦膩色迦王時代的馬鳴，善用梵文的卡雅調著作『佛所行讚』、『端莊的難陀』、『犍稚梵讚』等作品。他被稱爲讚佛乘之祖，屬於本派的另一位詩人是「摩咥哩制吒」（Mātnceta）寫過「一百五十讚頌」（在迦膩色迦王二世時代）。

大家認爲這些系統給予大乘經典的形成很大的影響，但因他們很重視菩薩角色的實踐層面，結果對菩薩修行也提出若干階段。那就是十住（十地）了，在邁向大乘經典發展的過渡期間，那些經典裡不難發現這種思想。

還有他們爲了敎化芸芸衆生，也叫俗人行慈悲布施，這樣依然可得解脫，奉勸大家專心皈依諸佛和諸菩薩。

大乘菩薩的理念

一群新宗教運動者以上述的思想史背景做基礎，不久覺悟到自己的立場，就稱為大乘（Mahāyāna）。大乘意謂巨大的乘載物。在佛教裡，一直打譬喻說：凡夫生存的現實世界叫做此岸，而把理想的覺悟世界叫做彼岸。其間橫隔一個生死（迷）的大海，想把許多人載往彼岸的大船叫做大乘。

總之，大乘教法意謂我們應該要救度芸芸衆生。他們指責傳統那些上座佛教只想自求覺悟，屬於自利行為，故貶稱他們為小乘（Hīnayāna）。那麼，他們也應修持利他行（救度衆生）。

菩薩有共同願望和自己的特殊願望，共同的願望是下輩子要實行四弘誓願，也可歸納為弘誓。就是——

衆生無邊誓願度　煩惱無量誓願斷
法門無盡誓願知　無上佛道誓願成

反之，阿彌陀佛的前身為法藏菩薩，他有四十八願，且說要完成這些願望後才要成佛作祖。像這些菩薩各有自己特殊的願望，則稱為本願（Pūrva－praṇidhāna）。

本來，菩薩完成菩薩行的結果，就能成佛往生佛國（業生），但在願望的內容尚未達到以前，要立足迷的世界（願生），竭盡所能去救度衆生，而願即是表現這股意志力。願力超越因果的理法。

這一來，從他們的信念及其湧溢出的信仰裡，以大宇宙爲舞台而扮演戲劇性表現，便先後編寫出龐大的大乘經典了。

大乘佛教的基礎

印度的佛教遺蹟經過考古學者的調查研究後，明顯發現有以下情狀：

(1) 一伽藍是由兩種基本的構成要素形成的，一是祭祀禮拜對象的堂塔，二是僧衆居住的僧房。

(2) 這種區分自印度以來，便繼承著伽藍構成的原則——佛地與僧地的區分。

(3) 這兩種構成要素在成立過程就表現不一樣。

禮拜對象的最初形態，首先可舉佛塔來說。塔本來具有墳墓的性格，它的起源可溯及佛教以前，但佛塔的建造是在佛陀入滅時把舍利分成八份。才開始建造八座佛舍利塔以及瓶塔和灰塔，來讓信徒供養。

在印度，佛塔的建造與供養的流行，都跟阿育王的事業有關係，在現存的諸多佛塔裡，大家推測庫西拿拉、毘舍利城、帕爾夫特、桑吉、阿瑪拉華特、梭帕拉等佛塔可能係阿育王建造的，但初轉法輪的法塔和成道的大塔裡沒有舍利，幸好依然存在。

依據『摩訶僧祇律』說，儲有舍利的叫做塔，無舍利的叫枝提（支提或廟），奈因兩者的外形很相似，故沒有一定區別。後人把塔導入支提裡時，就乾脆叫做支提堂（祠堂）或支提窟了。

桑吉的第一塔

初期教團索性把佛塔的建造和供養，完全讓給在家信徒手上，且規定那不是出家人應該參與的事。然而，由於佛塔的建造與供養功德一直被鼓勵，也非常流行，致使出家人也接受這些事業了。

帕爾夫特和桑吉的塔門與欄楯建造於紀元前二―一世紀，上面雕刻著『本生經』和佛陀傳記的一部份。我們獲悉這些布施出自出家人與在家人，所以，我們推測當時可能有在家信徒的團體在護持佛塔。在贊助者中也發現一批精通三藏的誦經者姓名。

我們認爲他們向來自印度各地，聚集來巡禮的在家信徒，一面叙述深入淺出的譬喻，一面予以教化。我們發現以佛塔爲中心那群僧俗團體很可能不久成了大乘的母胎。『法華經』的法師品催促那些主導大乘教法的法師應有使命與自覺，而這些內容就是以這種事情爲背景的。

不過，有些重大問題仍然留下來沒有解決。例如，數量龐雜的大乘經典不但現存下來，且大乘教團的實體也不明確。即使明知大乘佛教的發生期在印度，捐助的銘文多達好幾千，但它的所屬幾乎都要歸諸於小乘部派的教團或僧院。事實上，大乘教團捐贈的例子等於零，它就讓人懷疑大乘教團的存在問題了。

塔門的浮雕（桑吉）

關於這一點，有一位比利時籍的佛教學者——拉莫特教授，近年來提出一項假說——玄奘大師（七世紀初到印度留學和旅行的中國高僧）在『大唐西域記』記述，並指出那裡有「大小乘兼學」的僧院傳說，也許佛教出家人隸屬小乘部派，滿懷大乘信仰的出家人，倡導宗教運動有時可能得到部份僧院人士的支持，有時也可能獲得全體僧院的支持。依我們看，這群宗教運動的同志們，懷有一種信念——連接佛陀的教法，縱使忍受上座部的指責：「大乘非佛說」，但也曾得到許多在家徒眾的支持。

第7章

大乘經典及其思想

『般若經』——

在大乘經典裡，雖以『般若經』（Piajñāpāramitā－sütra）最早完成的，但它的種類太多（梵文本、漢譯、藏譯）光是漢譯本就多達四十多種。其中收納最完整的是玄奘譯六百卷『大般若波羅蜜多經』（六〇二—六四年譯，『大正大藏經』五），這大概是歷經八百年，集般若系經典之大成者，由十六會（部份）組成的。

其中有十卷『道行般若經』（一七九年支婁迦讖譯、『大正大藏經』八，相當於梵文『八千頌般若』）採用原始形態而成，我們推測它的原形可能在紀元前一世紀完成的。還有經的精要與敘述經中一項主題的經典也同時完成。例如『金剛般若經』一卷（四〇二—一二年鳩摩羅什譯，『大正大藏經』八），『般若心經』一卷（六〇二—六四年玄奘譯，『大正大藏』八）等是。

至於經題「般若波羅蜜（多）」裡，「般若」一詞是Prajña字的音譯，意謂「智慧」也。「波羅蜜（多）」爲Pāramitā的音譯，它的原文字有幾種不同說法。通常被譯作「到（itā）彼岸（Pāram）。」那就是說『般若經』即「完成智慧」或「靠智慧到彼岸」之意也。

『般若經』的主題在「空」的提倡。本來，「空」早在阿含與阿毘達摩說裡談過了，殊不知那是爲了實證諸法無我而來一套空觀的分析。換句話說，我是空，而法即有（存在）的立場。反之，『般若經』所說的空爲「無所得」（不拘泥於任何事物），而否定自性（實體），藉此將它當作諸法的根底。

『般若心經』有一句膾炙人口的話：「色即是空，空即是色」。這意謂世間所有的物質存在都沒有實體，正因爲沒有實體才不應有物質的存在。雖說沒有實體，但它不離物質的存在。還有物質的存在表示，若拋棄沒有實體，就不是物質的存在。所以，同一部經說，空裡既無五蘊、十二處和十八界，也沒有十二緣起與四諦了。否定一切存在的實體以後的空，便要追求什麼東西能使一切存在成立起來呢？不要執著物質的存在，便能使人覺悟物質存在的眞面目了。

※日本的禪宗與眞言宗習慣誦讀『般若心經』。

因爲『般若經』以救度衆生爲目的，所以它必須提示任何人都應該實踐菩薩行。於是就建立布施、持戒、忍辱、精進、禪定和智慧等六波羅蜜（六度），誠如經題所顯示，究極目標放在般若波羅蜜。其中布施從初期佛教以來，就再三提及它是在家信徒的實踐之道。初期佛教也教示持戒、禪定和智慧屬於戒、定、慧三學，但也一樣是出家人實踐道行的基礎。藉進在八正道裡說過了。由此可見，六波羅蜜中有五項在初期佛教時代扮演泉源性角色，這可以讓人看到『般若經』主張要回歸佛教原點的情形。不過，忍辱在本經裡倒是首次出現的實踐之道。它能讓人推測得到大乘佛教徒當時身置其間的社會條件。

藉著『般若經』來提倡大乘，也許能使他們免除上座教團所謂「大乘非佛說」的指責吧!?不過，他們在暗中提倡，例如，向衆生訴諸自己的信念，也許能增加一群共鳴者吧？但不難看到他們忍受各種指責與迫害，無疑是初期大乘菩薩的共同語言。

『華嚴經』——

在『般若經』之後完成的經典是『華嚴經』（梵文本，漢譯、藏文譯），漢譯現存兩本同名：「『大方廣佛華嚴經』。那是六十卷本（也叫『六十華嚴』，四二一年佛馱跋陀羅譯、三十四品、『大正大藏經』九）和八十卷本（也叫『八十華嚴』，六九九年實叉難陀譯、三十九品、『大正大藏經』一〇）兩種。

這是把長期發展出來的經典聚集而成，我們獲悉十地品與入法界品的梵文本仍然存在，但在古代是獨立流通的經典。

※在中國，華嚴宗是依據『華嚴經』這部經典而成的，但它在日本奈良時代傳入日本。

『華嚴經』的整套構想在表示佛陀成道後的三七日間由三昧所得的內觀情狀，從此開展的世界（法界）以毘盧遮那（Vairocana 大日）佛顯現山來。所以，一切存在可以看作重重無窮盡的緣起，只是毘盧遮那佛的一部份而已。十地品有句話說：「三界虛妄，但是一心所作。十二緣份全都依心。」這一方面表明『華嚴經』的世界觀，一方面也說明佛陀觀。那是說毘盧遮那佛不外是眞理本身的佛陀和法身，其本質是覺悟的智慧，不妨譬喻爲光明。

十地品把菩薩的修行階位分成十地：⑴歡喜地，⑵離垢地，⑶明地，⑷燄地，⑸難勝地，⑹現前地，⑺遠行地，⑻不動地，⑼善慧地，⑽法雲地，同時談及每個階位的功德與威力。

它把『本生經』以來逐漸發展出來的菩薩修行階位統合起來了。在十地品裡，除了分配『般若經』的六波羅蜜以外，又加上方便，願、力、智等四項，便成爲十波羅蜜。入法界品是記載一位善財童子向南方參訪五十三位善知識（善友）。接著提到他怎樣證入法界的一篇求法故事。

『法華經』

在許多佛經裡，恐怕很少有像『法華經』流通那樣廣泛的經典吧！它的梵文原本與抄寫本的發現地方不一樣，但大體上有以下幾處：⑴是尼泊爾本，⑵是喀什米爾本，⑶是西域本三種類。而今全世界公立機構保存的抄寫本也多達三十幾種，其他經典尚無此例。漢譯有以下三本：

⑴『正法華經』十卷（二八六年竺法護譯，『大正大藏經』九）

⑵『妙法蓮華經』七卷（四〇六年鳩摩羅什譯，『大正大藏經』九）

⑶『添品妙法蓮華經』七卷（六〇一年闍那崛多、笈多共譯，『大正大藏經』九）

『正法華經』雖然是接近梵文的直譯本，奈因屬於古代譯文，深奧難懂，故流通不廣。反而是『妙法蓮華經』採用意譯，且譯文也流暢優美，直到現在流通很廣。『添品妙法蓮華經』是補充妙法華所缺少的章節。還有一部單行異本相當於寶塔品的一部與提婆品（鳩摩羅什原譯裡雖然不存在，但卻在現行妙法華裡面）——『薩曇分陀利經』一卷（二六五—三一六年，譯者不明，『大正大藏經』九）

另外也流傳西藏語、西夏語、古代土耳其語、蒙古語、滿州語、朝鮮諺文、中南半島語等譯本。

※『法華經』在中國成爲天台宗依據的經典，到了日本由天台宗與日蓮宗來繼承這項傳統。日本聖德太子對本經寫過一本註釋叫『法華經義疏』（『大正大藏經』五六）傳承下來。

『法華經』有二十七品（現行妙法華含有提婆品，故有二十八品），諸本之間有相當差異。由此可見經典成立過程有複數階段和流傳系統不一樣的證明。

後人發現『法華經』主要部份的成立也像『般若經』、『華嚴經』一樣，以初期大乘經典爲背景。先在前半（尤其方便品）叙述一乘（佛乘）的開顯，以三乘（菩薩乘、緣覺乘、聲聞乘）的教理爲方便，而形成「開三顯一」的思想爲骨幹。在法華以前，因爲強調自利、利他的菩薩行，致使大家以對立的眼光掌握菩薩乘，和聲聞、緣覺兩乘。但是，大乘的教理在教化芸芸衆生，否定單靠二乘不能成佛的觀點，而這跟大乘原來的立場相反。那麽，『法華經』的一乘思想無異對這項矛盾提供一種解決。

在三乘裡，聲聞乘是傳統性的上座教團。他們以僧院爲中心，故叫做出家人教團：依照我們推測，緣覺乘相當於否定這種僧院主義，維持原始那種遊化生活的修行人集團。反之，菩薩乘是新興的大乘佛教。

捐贈塔

所以，『法華經』認同當時三種佛教教團各有存在價值之餘，也包括一佛乘，而在此運作統一的論理。因此，本經前半在討論二乘作佛的授記。

『法華經』後半（尤其是壽量品）說，芸芸眾生以爲釋尊離開釋迦族的王宮去附近菩提道場開悟得到正覺，其實，那是久遠以前就成佛了，故才開顯「久遠實成的本佛」。過去所說燃燒佛等諸佛的滅度都是方便說，其實是常不住不滅的法身。倘若大家滿懷渴望之心。那麼，爲了用慈悲救度眾生，就要強調以應身（權化）身份示現出來。

再說『法華經』是立足在一種情況——初期佛教在法的集聚（法身）上發現佛陀普遍存在那種原初的法身觀，於是鼓勵大家皈依『法華經』了。再從身舍利塔的崇拜轉換到法舍利塔的禮拜，充分反映這種社會背景，而否定原來那種舍利塔的建立與供養，透過法舍利塔（全身塔）的示現，在十方表示遍在的法身，同時展開出壽量品所開顯那位久遠本佛的法身說。

法師品授記說，即使肯聽聞這部經典的一首偈，發起一念心來隨喜，也能得到正等正覺，它舉出這些條件爲受持、讀、誦、解說、書寫等五種法師行，和十種供養。凡肯修持這種菩薩道的說法師會變成如來的使者，菩薩進入如來之室（對一切有情的慈悲住處），披上如來衣服（大忍辱的優雅），坐在如來座（一切諸法空性）上，規定要向衆生宣揚這個法門。

後期才編進去的後分（藥王菩薩本事品——普賢菩薩品，提婆品七品）裡，不難發現經典流通的特性更加明顯，也反映二世紀中葉印度西北部的宗教情況。諸如這些品插進『法華經』裡，當然來自本經的統一論理。觀音信仰、陀羅尼呪、普賢信仰、阿彌陀信仰的導入爲其主要部份。

※觀音信仰根據『法華經』普門品，自從佛教傳入中國以來，這種信仰特別興旺。在日本，天台宗、日蓮宗、禪宗和眞言宗都誦讀它。

我們認爲提婆品的成立比其他六品晚到三世紀前半葉。該品前半記述提婆達多在過去世是一位受持法華經的仙人，當時的國王是釋尊的前身，他投拜那位仙人爲師，結果開悟成佛了。由於這種緣故，提婆達多才授記未來可能成佛。在『高僧法顯傳』（三九八—四一八）和『大唐西域記』也曾記載提婆達多有一群宗徒存在，我們也許可知該品的提婆達多授記是計劃把這群宗徒跟佛教統合起來。

提婆品的後半提到一位八歲的龍女忽然成爲男人而成佛了。我們以爲印度人一向崇拜龍，這個習俗淵源於古代與中世紀印度普遍流行土著的信仰。佛教很早開始就用這種信仰來接觸種族了。最顯著的例子，不妨舉出佛教傳向喀什米爾的情形。喀什米爾在印度地區是崇拜龍的主要地區。佛教徒想透過喀什米爾的龍的信仰，讓那裡一大群龍的信仰者能改變態度，轉而信奉佛教，同時把土著的信仰放在佛教的管理體系

僧院遺跡

裡，這樣一來，就能奠定鞏固的基礎，方便他們來皈依佛教了。在貴霜王朝期間，喀什米爾是東西文化的來往地區，又跟罽賓接鄰，以致非常繁榮，加上羅馬帝國與印度西海岸的海上貿易非常發達，致使許多財富紛紛流進來。我們推測：基於這些背景，該品才記載龍女獻寶珠給世尊，同時信仰龍的種族跟貿易商人也息息相關，那麼，佛陀的覺悟與慈悲的擴大，就要救度那些下層階級的非阿魯雅人種，透過成佛的授記，

就要將龍的信仰統合起來。這裡也有『法華經』的統一論理在運作……。

※龍的信仰是以信仰龍神的方式傳到日本。

淨土經典——

從『華嚴經』與『法華經』的法身說裡，不難看出多位佛出現的可能性，若從其他方面說，這無疑是普遍開悟的必然結果，這個現象倒也發展出另一種思想——從原來一時一佛說（信仰一個時代只有一位佛存在）進展到三世十方諸佛（信仰過去、現在和未來，一切空間存在有多位佛）。因此，十方諸佛各自定居在自己的佛國土，那麼，芸芸眾生都熱烈盼望將來往生到那個不同與娑婆世界（我們生存的現實世界）的理想世界（淨土）去。

起初說往生到兜率天——未來佛彌勒居住的地方，後來才信仰東方有阿閦佛的妙喜國，西方有阿彌陀佛的極樂世界，而那裡都是眾生希望往生之處。

在叙述阿彌陀佛這種信仰的經典裡，有以下三部經在中日兩國都非常通行，深入民間，而這叫「淨土三部經」：

(1)　『無量壽經』二卷（簡稱『大經』，二五二年康僧鎧譯，『大正大藏經』一

二）

(2)『觀無量壽經』一卷（簡稱『觀經』，四二四—四四二年，畺良耶舍譯，『大正大藏經』一二）

(3)『阿彌陀經』一卷（簡稱『小經』，四〇二年鳩摩羅什譯，『大正大藏經』一二）。

『無量壽經』是梵文Larger Sukhāuatiyyuha（極樂莊嚴）的漢譯，其他尚有五種異譯本和藏文譯本。『阿彌陀經』爲梵文Smallen Sukhāvatiyyuha 的漢譯，其他尚有一本異譯與藏文譯本現存著。

※自從佛教傳入中國以來，信仰阿彌陀非常盛行，但在日本則有淨土宗、眞宗依據淨土三部經而成立宗派。

淨土經典所說那位阿彌陀佛，擁有無量壽（Amitāyus）與無量光（Amitābha）兩個名號，實踐法藏菩薩那句誓願：「沒有救完一切衆生，誓不成佛。」歷經長期修行，才如願以償，故現示報身。無量壽意謂佛陀在極樂世界沒有進入涅槃，而這也許是『法華經』久遠實成那種本佛思想所開展出來的結果吧？無量光意謂佛陀的智慧光明遍及十方，教化天下蒼生，倒很類似『華嚴經』的毘盧遮那佛。信仰這位阿彌陀佛無異法藏菩薩的誓願，以佛陀的慈悲心表現出來，那麼，這就得鼓勵大家對這位佛陀念誦和稱名了。還有這方面的教說和信仰純粹又簡明，很類似『巴卡瓦特・基塔』（Bhagavad－Gita）這本史詩所主張的皈依與專念。

淨土經典所說的「往生」思想，就這方面的表裡關係而言，倒跟『法華經』所謂「授記」的思想是相通的東西。反正不論如何，它至少襯托出佛陀的慈悲在普渡衆生，大家都可能得救。爲了要讓芸芸衆生看到成佛的理論根據，就不得完成第二期的大乘經典，來講解如來藏和佛性的內涵了。

「維摩經」及其他——

『般若經』說明空的思想，藉此表明大家不要執著輪迴（迷）與涅槃（覺悟）的世界。倘若目的要透過菩薩的慈悲行（利他行）來普度衆生的話，那麼，在家的菩薩才眞正負責這項重大使命了。這一來，就紛紛出現若干部經典不斷稱讚以在家菩薩爲主角的內容了。

『維摩經』（Vimalakirtinirdeśa－sütra）的梵文原本而今不存在，但在寂天那部『大乘集菩薩學論』（Siksāsamuccaya）裡可以引用一部份出來。漢譯本有以下三本，但以鳩摩羅什的譯本流通最廣泛，其他有藏文譯本與西域胡語譯的斷片資料。

(1)『佛說維摩詰經』二卷和三卷（二二三—二五三年，支謙譯，『大正大藏經』一四）

(2)『維摩詰所說經』三卷（四〇六年鳩摩羅什譯，『大正大藏經』一四）

(3)『說無垢稱經』六卷（六五〇年玄奘譯，『大正大藏經』一四）

※日本聖德太子也對『維摩經』寫過一本註釋：『維摩經義疏』（『大正大藏經』五六）。

『維摩經』以『般若經』強調的空的思想爲基礎而完成的作品，它可能在一—二世紀間成就的。舞台是佛陀時代烏利吉共和國利賈威族首都——毘耶離（廣嚴城），主角是一位名叫維摩詰的大富翁，這部創作有十四品內容，強調煩惱即菩提，穢土即淨土的主要思想。

方便品指出維摩居士既娶妻成家，又擁有衆多財富，過正常的世俗生活，但他理解大乘教義，且能大力實踐，同時用方便教化芸芸衆生，應該要成佛作祖。弟子品表明大乘法遠比小乘教理更殊勝，某日，維摩患病躺在床上，佛陀派十大弟子去探病，不料，他們都坦述自己的能耐不如維摩，故紛紛藉此推辭不去了。

文殊師利問疾品說，文殊師利毅然接受使者的職責，去維摩家裡探病了。當時，維摩大顯神通把房間空下來，只讓自己躺在床上。於是，兩人開始一場精彩的問答。只聽維摩詰說：

「因為一切眾生生病，所以我才會生病。倘若一切眾生沒病，那麼，我的病也會消失……眾生患病時，菩薩也會患病，只要眾生的病癒，菩薩也會病癒……」

菩薩的本質就是以慈悲對待天下眾生，而這即是維摩詰所要強調的，至於「空」的問題，就談到無常、無我、平等、無所得與方便，文殊聽了頓起菩提心。

不思議品說明求法的意思，強調：「若求法者，於一切法應無所求。」觀眾生品說一位天女把天華散落在諸菩薩和佛弟子身上。但是，掉在菩薩身上的天華馬上落下來，而落在佛弟子身上的天華卻不會掉下來。

佛弟子硬要將天華弄落下來，天女問說：「為什麼要把天華弄落下來呢？」佛弟子答道：「因為這種天華不適合比丘哩！」

這一點也在啓發眞正的覺悟是什麼？入不二法門品提到這部經典的精髓時，不禁探討絕對的教法是什麼？怎樣才能體會得到它？文殊說：「這是言、說、示、識所辦不到的。」故說：「這叫入不二法門。」維摩對於這一點默默不語，眞正用不能及的態度來表明。佛道品說：

「智度＝（般若波羅蜜）菩薩母，方便以爲父，一切衆導師，無不由是生，法善以爲妻，慈悲心爲女。」

再三教誨大家在現實的日常生活中，應該建立理想世界才好。此外也可從『郁伽長者經』、『華嚴經淨行品』中發現當時在家佛教的實況被拿來當故事描寫。彷佛『般舟三昧經』、『首楞嚴三昧經』一樣，這些經典也說明觀佛爲三昧實踐法，它淵源於當時佛像雕刻的流行，而這種流行係因爲與希臘文化交往而來的。

以上是初期大乘經典的主要部份，也大概叙述一下它們的思想內涵，接著必須談到中期大乘經典的中心課題——如來藏與佛性了。

『勝鬘經』與其他——

一切衆生皆有成佛的可能性係依據佛陀的慈悲而來，而這是由初期大乘經典所謂「授記」與「往生」等方法擴大起來的。這項前提是要衆生對佛陀皈依與修行，才能得到保證，而這無異是宗教的情操問題。但到了中期大乘經典時代，便有了成佛可能性的理論或哲學根據。

誠如『如來藏經』一卷（四二〇年佛陀跋陀羅譯，『大正大藏經』一六）所說：「衆生是如來的胎兒（藏）」。這無疑認同一切衆生都能成就如來的可能性。在初期佛教時代，這種思想叫做「自性清淨心」，意謂衆生的心本來很清淨，只因煩惱才讓心被污染，故叫「客塵煩惱」。『如來藏經』說，一切衆生的如來藏是常住不變的，故用九種譬喻來解說。還有『不增不減經』一卷（五二五年菩提流支譯，『大正大藏經』一六）也提到衆生界即是如來藏，而它也是法身。

『勝鬘經』是三度漢譯，今天廣泛流通，『勝鬘師子吼一乘大方便方廣經』一卷（四三六年求那跋陀羅譯，『大正大藏經』一二），其他藏文譯本也在流傳。

※日本聖德太子對『勝鬘經』也寫過一本註釋叫做『勝鬘經義疏』（『大正大藏經』五六）。

這部經提到佛陀時代的舍衛國，國王波斯匿王的女兒嫁給阿踰世國的友稱王做妃子，即是勝鬘夫人，她是故事的主角，曾在佛陀面前讚嘆佛的無量功德，發十大誓願和三大願，並證得正法。

十大誓願是：

(1)　從今天起到證悟菩提之前，我不起犯戒心。

(2) 從今天起到證悟菩提之前，我對待尊長不起慢心。
(3) 從今天起到證悟菩提之前，我不會對別人起恚心。
(4) 從今天起郅證悟菩提之前，我對別人的幸福、財寶和地位不起嫉妒心。
(5) 從今天起到證悟菩提之前，我不會對自己擁有的一切起慳心。
(6) 從今天起到證悟菩提之前，我不會爲自己累積財產。
(7) 從今天起到證悟菩提之前，我要用四攝法利益衆生。四攝法是①布施物品，②對人說話溫和，③行事爲別人著想，④跟對方相同心情助人，但不爲自身利益著想（四攝法即布施攝）、愛語攝、利行攝和同事攝）。
(8) 從今天起到證悟菩提之前，如果看到孤獨者、被監禁者、病患苦惱者、受災者和貧困者的話，我不會不理會。
(9) 從今天起到證悟菩提之前，如果看到捕捉鳥獸出售者、飼殺者、違背佛戒者的話，我不會寬恕他們。
(10) 從今天起到證悟菩提之前，我要好好受持正法，而不會忘記。

列舉具體的實踐方法，同時摘要成三大類：(1)追求正法的智慧，(2)爲一切衆生說法，(3)護持正法。

接著對於正法也提出四聖諦的敎示，苦、集、道等三諦是緣覺和聲聞的有爲方便。只有滅諦才是超越有爲相（無爲）的常住不變之法身。因爲凡夫在這個法身上面纏繞著煩惱，故稱爲如來藏（內部隱藏如來），其實，如來藏是本來常住不變的法身。如來藏的自性很清淨，奈因依靠如來藏，才有生死煩惱，一旦得到涅槃時，就以如來藏爲中心，而解說迷惑世界與覺悟世界。

『涅槃經』

在原始聖典的『涅槃經』裡，就把法看作佛，而這種思想是從一乘的立場發展出來的，在解說佛是常住不變的經典，則有『大般涅槃經』四十卷（四一六—一二三年曇無讖譯，『大正大藏經』一二）。

※這部『涅槃經』傳到中國時有四十卷十三品，流傳南中國以後，便由慧嚴、慧觀、謝靈運等人改編成三十六卷二十五品，之後把四十卷本叫做北本，稱三十六卷本爲南本。在中國，就有一群信徒依據本經而成立涅槃宗了。

『涅槃經』是以佛陀入滅爲舞台，並從這種立場——必須相信佛陀的壽命是不滅，和不滅的事實——來說明佛身的常住不變。但這個法身似乎從歷史存在的生身佛陀裡看出來。這可以說是繼承了『法華經』那套久遠本佛思想的產物。

其次，在歷來的佛教裡，都把諸行無常、諸法無我、涅槃寂靜三法印看作佛教的基本立場。所以，在四念處裡，觀想身體是不淨的，受是苦的，心是無常的，法是無我的。但若從『涅槃經』法身常住的立場看來，內在的佛性是常住、大我，它的所有法是淨，居住的處境不是苦，而是非快樂不可。於是『涅槃經』的常樂我淨說就開始叙述了。

『涅槃經』的中心思想之一是「一切衆生悉有佛性」。這個意謂一切衆生都內在有成佛的可能性。有關存在事物方面，承認常住的佛性存在，跟婆羅門教的我的思想一樣在原始佛教裡被人否定。但若從一乘的立場看來，一旦主張法身的常住性與普遍性時，無疑是理所當然的結論了。於是，這部經在警告：「誰說一切衆生都有佛性，若是執著它，開口閉口要成佛，反而把這變成虛妄了。」

接著說，應該信受佛陀的教法啊！只有這樣才能得到佛性。還有這部經也提到以往被看作不可能成佛的一闡提（缺少菩提心者），也有內在佛性，故有救度的可能性。這一來，佛陀的慈悲可以說就擴大到圓滿了。

第 *8* 章

希臘文化與佛教東漸

古代印度與希臘文化

自從紀元前六世紀起到紀元後五世紀之間，希臘人就在印度存在了。因爲他們受僱於波斯人，也曾以探險家和亞歷山大士兵的身份侵入印度，甚至他們以流浪哲學家、海上送貨商人、美術家、派遣大使、行政長官或君主等人的身份來訪印度。之後，他們在印度建設王國和都市了。他們首先侵略印度西北部，接著到印度河流域、恆河流域、德干高原，直到古賈拉特海岸。還有他們以商人身份在瑪拉巴爾海岸與柯洛蒙德爾沿岸做生意，也以傭兵身份替塔米爾諸王服務。

由此可見，侵入印度的希臘人通常都永久居留在那兒，且在印度人的社會獲得地位。他們的子孫被吸進在這樣龐大混雜的民族裡，致使大多數人接受了印度的宗教。他們對待佛敎在思想上、考量上，會以傳道師、教團護持者身份做出偉大貢獻，尤其在美術意義的表現也功不可沒。至於工業技術、天文學和罽賓雕刻的流派方面，也影響到整個印度，而這些影響也遠到遠東的日本。

※威德克庫寫一本『古代印度與希臘文化（The Greeks in India，London 1966），探究一千年間古印度與希臘文化的交流情形。

希臘文化的源流及變遷

據說當年亞歷山大遠征到印度時，發現斯瓦脫溪谷就有德歐維梭斯（希臘神）的後裔——郁那（希臘人）人定居了。至於他們究竟在何時從何處侵入印度境內，可就不清楚了，但當他們征服印度時，早已在卡布爾河與印度河之間，建設一座名叫紐薩的都市了。

亞歷山大控制了印度河西邊的土地，且建設幾座希臘人的都市（康大哈爾、貝古拉拇、布凱哈拉、尼凱阿、辛德與梭古德拉的亞歷山大雷亞等）。

當亞歷山大向西方撤軍時，便留些希臘人統治這幾個都市，縱使他們死後有過領土劃分，甚至兩年後經過一次特利巴拉德梭斯會議再次劃分，但是，印度各州仍然隸屬在同一位統治者管轄。

在這些都市裡，多半是希臘人居住，塞雷烏克絲・尼卡特爾後來雖然割讓了這些領土，不過，希臘人依然居住在那裡的樣子。

有一位希臘人叫做杜夏斯巴擔任斯特休特拉的地方首長，而這也可說希臘人定居的例證。自從亞歷山大死後，希臘地區諸王國如叙利亞、埃及、馬克杜尼亞、邱雷納、埃配洛斯等也繼續跟孔雀王朝保持外交關係。

波斯帝國的大夏地方被亞歷山大征服（紀元前三二七年）了，之後由希臘人來管理。紀元前三〇六年，色雷克斯到印度河畔，欲跟蔣德接古普達會晤途中，在大夏國現身時，當地太守是邱布洛斯人，名叫司達塞諾爾就宣佈獨立，跟色雷克斯發生戰鬥而獲勝，結果得到這塊領土的控制權。當時，大夏國不僅佔有歐克梭斯河灌溉得到的耕地，和騎兵隊養馬的廣大畜牧區，也擁有了亞洲通商的十字路。

來自印度的貿易路線結合了在北方巴克特拉從中國到西方的絲綢貿易，以及從西伯利亞來的金礦商隊所通行的路線。

在紀元前三世紀初葉，色雷克斯王朝與大夏的希臘人之間，由於雙方的目的不一樣，就不斷發生無法避免的斷絕了。換句話說，安特歐克的一群統治者由於把大夏看作自己帝國利益的一塊領土，反之，大夏的希臘人不認為自己跟色雷克斯王朝的連結有什麼利益。於是，大夏地方的太守叫做德歐多特斯就在紀元前三世紀中葉毅然讓該國獨立，放棄跟歐洲的連繫，結果選擇自己的路——在亞洲扮演一個強國了。

希臘人在大夏和印度發行過不少貨幣。多達三十九位國王和兩位女王，而這個事實足以表示希臘人諸多國王多麼富裕，為了維持貿易的通暢，早已意識到廣大通行貨物的必要了。還有貨幣表面雕刻諸王的肖像，從這個寫實成就可以推想他們在古代世界已經僱用一群非常傑出的雕刻師了。

大夏的希臘人侵入印度，建立了王國以後，曾經發行希臘語與印度語（卡洛休特文字與普拉虎米文字）兼用的貨幣。這是由於興都庫什山脈情狀不一樣所使然。

伊朗人在大夏使用貨幣，係因爲徹底地被希臘化。所以，貨幣的雕刻充分用希臘語，貨幣重量與品質都要求用阿特卡標準。但是，有些印度土著居民雖然受用希臘的習俗，但一般來說都沒有被希臘化。存在雙語並用的貨幣可以表示某種情狀，即爲了異國的語言文字，那些不曾放棄祖國的商人階層，存在於希臘人的印度諸王國境內，以及在希臘人之間，印度化開始於很早時代了。所以，越過凱帕爾頂峰的印度，並沒有遵守阿特卡標準，致使當地的貨幣重量與品質都很低劣。

美南德洛斯王國的政府組織在本質上屬於希臘式，它的基礎建立在希臘軍人階級——控制族、亞歷山大及艾多德模斯所創建之希臘人的都市上面。行政組織以國王爲最高峰。屬於金字塔結構，副王以下任命太守領內的地方縣長。地位相當於特歐多洛斯者也跟美南德洛斯一樣改信佛教了，這一點可從刻文裡獲悉。

那些官員具有王國中央政府的希臘稱號，這可從馬特拉的例子看出來，在希臘人的宗主權下，允許土著國王擁有自己的權力，這是美南德洛斯建立控制權的關鍵，而其所以這樣，原因是希臘人與土著太守以及屬國諸王實行混合政策所使然。

在美南德洛斯時代，凡位在貿路線的都市都增加戰略上的重要性。例如，普休卡拉瓦特（罽賓）、卡匹夏（貝古拉姆附近）都很繁榮；塔庫西拉變成學術文化的中心。政治權力的中心移往東方的夏卡拉，『彌蘭陀王問經』曾經詳細談到這個都市的繁榮狀況。

在印度，這些都市都是希臘人活躍的主要地盤，一方面呈現傳統希臘的都市原貌，一方面成了有組織的共同體。話雖如此，但當地土著也被動地接受他們的統治，基於這個理由，我們必須要舉出希臘人那種進取性的印度化，尤其跟印度主要宗教之一——佛教的同化情形。佛教否定階級制度，也批判婆羅門的不當。所以，他們由於跟佛教在同化，便跟印度社會那股拒絕保守要素的階層保持合作了。

希臘文化的繼承

希臘文明普及了古代世界，即使希臘文化王國與印度希臘王國都相繼滅亡之後，希臘文明也由接班控制者繼承下去。羅馬帝國大體上使希臘式文化得以發展起來。在羅馬人控制的亞洲各地，商業與技術依然在希臘人及希臘化出來的亞洲人掌握中。在印度，像塞族與庫加納族那些遊牧居民，不僅學習希臘人的生活方式，也採用希臘人的政治組織。在這種情況下，五世紀在白匈奴侵入印度破壞文化遺產之前，凡是入侵印度的各民族都很重視大夏，希臘人曾經建立的文明技術。

塞族人幾乎毫無更改地繼承了美南德洛斯所建的政治組織。他們照樣僱用希臘人的官吏、造幣所長與雕刻師等。

雖然社會的上層階段改變了。但是，一般社會上的希臘人統治完結後，歷經好幾代也依舊持續同樣狀態。還有帕爾特爾王龔德花雷斯和貴霜王、迦膩色迦那群統治者，都是希臘藝術與藝術家的保護人。

最後那位印度希臘王黑麥歐斯死後，歷經兩百多年，地方上的貨幣依然採用希臘語，而這可以表示許多希臘人仍有不少留存下來，形成強而有力的都市共同體，迫使新統治者不敢小看他們。

當貴霜王朝的庫玖拉卡德菲塞斯征服印度的帕爾德爾人時，黑麥歐斯的貨幣上面也加上他的名字再度發行，而這個事實可以證明希臘人在印度活躍的情形了。

在一個半世紀以上裡，希臘話暢通於卡布爾溪谷，和塔庫西拉的幹達拉商業用語，同時混合成貴族的國際語言。但經過幾個世代之後，印度的希臘人被當地居民吸收得更厲害，致使他們的語言變了樣，以至完全沒有用。

在貴霜王朝的貨幣上面，直到迦膩色迦王以前，都採用已經粗俗的希臘話，至於希臘文的字體卻被用在華斯特瓦（二三〇前後）的薩卡語那種貨幣上當作題名了。

縱使希臘人喪失了政治權力，不過，塔庫西拉的醫生們卻非常優秀，一群技術家都是攻打城牆的專門人才，紛紛被僱用來設計各類戰爭機器。還有木工泥水匠，在木材、石材、金屬加工方面都擁有卓越的技術。例如，有一位聖湯麥斯是一個技工，曾從當時希臘文明的世界出發，沿著貿易路線來到了印度。帕伕拉瓦族在塔庫西拉建造梭洛阿斯塔時，也僱用一群技術優秀的希臘人工作。

希臘建築師的最偉大功績，莫過於在普魯夏普拉建造一座迦膩色迦伽藍。佛塔的規模宏大，氣象莊嚴，六世紀初有一位名叫宋雲旅行家拜訪幹達拉時，對於那座建築有過詳盡的記錄。這座建築物是希臘人阿格西拉斯設計和建築的。

許多希臘人聚集的都市都有不少商人，在帕伕拉瓦與貴霜王朝控制以前，他們的希臘共同體形態到底持續到何種程度？情況並不清楚。不過，希臘人崇拜諸神的習俗恐怕持續存在。德歐紐梭斯的祭儀、帕伕拉瓦王征服馬其頓那場祭儀，貴霜王朝時代的希臘諸神——塞烏絲、黑拉庫雷斯、赫利歐斯、佛陀、伊朗的衆神以及婆羅門諸神等，出現在貨幣上的雕刻，好像仍在持續的樣子。

海上貿易的發達

希臘人在印度西北部的共同體崩潰以後，他們便淪爲富豪商賈的傭兵和士兵；在德干地區便與塞族帕伕拉瓦的首長們結盟，直到二世紀中葉以前都控制德干地方的北部。

但在另一方面，印度西北方的希臘王國，曾跟塞族帕伕拉瓦和貴霜族打仗之際，卻有一群新的希臘人在海路以貿易商身份，從印度海岸開始向緬甸、馬來亞探險了。

這種情勢早在羅馬人消滅普特雷麥歐斯王國，把亞歷山多利亞佔爲己有以前開始的。這個通商舞台位在西方與印度海岸之間，我們倒非從希臘貨幣上面獲悉，而是從羅馬貨幣的發現才知道的。雖然馬拉巴爾海岸各處都有商人與船員聚集，也建有奧古斯多斯的寺院，不過，大部份貿易的運作仍然屬於希臘人。

亞歷山多利亞印度之間的海上交通，在羅馬帝國時代發展到頂峰，普特雷麥歐斯時代的希臘人熟悉東方雅典以前所謂阿拉伯的紅海沿岸。然而，從那時開始的東方，阿拉伯人的貿易同業團體主張自己的權利，沿著阿拉伯海北岸做生意。

埃及與印度西部（德干地區以西）的直接通商，卻始於希帕洛斯發現季節風的時候。那是因爲亞歷山多利亞與印度之間有海上運輸，才使貿易起了革命性變化，可能免於阿拉伯人介入和課稅。船起初在帕達拉和巴利猶卡薩航行，之後到孟買南部登陸，從那裡沿著海岸線北上和南下。在印度河流域，雖然塞族搶奪了印度、希臘人的控制權以後，希臘人也照樣持有都市與殖民地，且大夏、希臘王的貨幣也在巴利猶加薩流通無阻。

依據尼可拉斯．達瑪斯可奴斯（一世紀希臘歷史學家，擔任羅馬皇帝奧古斯特斯，與猶太王黑洛德的顧問）的話說，巴利猶加薩曾經派過使節團見過羅馬皇帝。這可以表示當時印度西部存在有希臘人的強大共同體。他們在二世紀初被印度化了，但出生於印度的希臘商人卻在古賈拉、德干地方工作。他們是一群佛教徒，曾在烏埃斯坦嘉茲的岩壁開鑿窟院，先後完成了卡爾拉、納西卡、玖納爾的窟院了。這裡很方便佛教徒探訪，也接近印度中央的貿易路線。許多人贊助這些窟院的開鑿，其中有來自新德和薩拉休特拉地區的希臘人。

希臘人在印度採購紡織品、香水、香料、寶石、印度藍、黑檀、象牙、虎、猿、象與孔雀等，同時提供亞歷山多利亞技工的肖像，青銅作品、義大利陶器、希臘葡萄酒、少年歌手、白皮膚的奴隸少女等。

罽賓的佛教美術

印度的希臘王國滅亡後，他們的語言隨著消失，但以罽賓地區為中心，深受希臘文化的影響而產生了優秀的美術作品。依我們看來，這批美術作品雖然淵源於希臘，但也受到印度西北地方的環境影響而有若干程度的修正，所以，形成印度個別色彩的傳統作品。

在帕夫拉瓦時代以前，美術方面還看不出希臘與印度傳統的混合痕跡，但在建築方面可從塔庫西拉，西爾卡普那座現存的雙頭鷲聖堂觀察得到雙方混合的樣子。換句話說，這些建築物的壁面上雕刻的希臘聖堂——在支提的頂峰停有雙頭鷲、塞族的紋章、鳥居形的塔門、意謂塔庫西拉住民——希臘人、帕夫拉瓦人、塞族人和印度人，都在佛教僧伽裡成了統一情狀。

由於阿育王、美南德洛斯王的努力。致使佛教僧院能在罽賓建立起來，但帕夫拉瓦時代有僧院主義的傾向在增加，至於貴霜王朝時代，從印度西北起到阿富汗建造好

罽賓佛

幾百座設施。在迦膩色迦王治世初期，罽賓地方就已有佛像的雕刻了。

罽賓派的肖像專家研究說，迦膩色迦王奉獻的聖骨箱在二世紀中葉非常發達了。罽賓美術不論形式、內容、樣子與宗教意味都因爲各自分離，才有創造性的緊張。儘管這支流派最印度化的階段很強化神學的規律，圖像學受到嚴格控制，但是，希臘的要素卻不曾消失。罽賓佛像呈現希臘與印度在微細部份有異常的混合現象。面孔很古典，人相處理在本質上屬於希臘作風。

罽賓佛的頭部，呈現大乘圖像學方面不可缺少的屬性，例如白毫、頂上肉髻、伸長的耳垂。這會弄亂希臘的美感。反之，罽賓的美術家卻從希臘傳統借用了僵硬與樣式化的波形，以及牢牢套結的渦卷。但是，這很快變爲小蝸牛的殼狀了。

在傳播過程裡，佛教跟其他許多宗教接觸，當大乘教學因此發展之際，它的傾向在生長的佛教萬神殿方面接受了地方的神格色彩。在印度西北部非常需要幾千尊入定佛和說法佛時，便發展出大量生產法。除了斯瓦特和配夏瓦爾周圍以外，其他地方因爲找不到適當的石材，便在塔庫西拉和阿富汗採用化妝漆喰，製造的肖像嵌在應該裝飾的佛塔與禮拜堂的漆喰表面上了。白匈奴侵入罽賓後，破壞印度的希臘與佛敎美術的傳統，迫使許多佛敎僧院荒廢了。

雖然塔庫西拉與西罽賓是希臘與佛敎美術的中心，殊不知卡布爾溪谷的貝古拉姆也出現別的流派了。在四—五世紀時，那裡很繁榮，大家都用一種遠比罽賓的樣式更自由的方式來創作。其全貌可從哈達的遺作裡獲悉。

賈烏利塔的雕刻

在希臘人統治的領土上，罽賓美術的最後影響狀況，即是帕米揚地方的遺跡。它位於連結大夏與卡布爾溪谷那條主要貿易路線上。那裡是大夏與希臘人繁榮起來的據點。佛敎徒在這裡的丘陵上開鑿了僧院。白匈奴入侵之後，罽賓共同體的殘餘者都避難到這裡來。六世紀初葉，帕米揚地方的出家人便讓技工們挖掘龐大的岩壁，並用化妝漆喰在那裡成就了大佛像（最大尊者高達五三公尺）。

帕米揚地區位在亞洲一個頗大的十字路上，這裡是漸漸衰弱的罽賓樣式通往西域的中心。這種文化最後影響到中國新疆省的窟院了，這種希臘與佛教美術的功勞頗有永續性效果，因爲它後來經由中國本土，再傳到朝鮮和日本去了。

傳向西域與中國——

西域意謂由中國到西方諸國，從印度西北部起越過興都庫什山脈，進入土耳其斯坦，經由塔里木盆地周邊到中國的地域，相當於絲路的以東部份。塔里木盆地上似乎有孔雀王朝時代留下來的印度人的殖民地。還有這裡也居住些伊朗人、羅馬人和土耳其人，一面受到印度文化的影響，也一面形成另一種不同於印度本土形態的文化。佛教也跟來往的貿易商人一起傳到這裡來。

經由西域這條貿易路線上面，計有三條道路：一條是經過天山山脈北邊的天山北路，二是通過塔里木盆地塔庫拉馬凱沙漠南北兩邊的天山南路兩條線。南道是以柯當、樓蘭爲中心，居民同時採用東伊朗方言和卡洛休特文字，而大乘佛教在此流傳下來。北道以龜茲、卡拉夏爾、吐魯番爲中心，居民採用印度與歐洲語系，而有部等小乘佛教在此弘揚。

在新疆地方的佛教遺跡裡，現存者有北道一帶的窟院，主要在龜茲、吐魯番的吐峪溝。這些地方曾發現不少佛教經典，除了梵文以外，其他也包括從來不曾爲人知的語言文字所書寫的作品。

西域的窟院追隨古普塔王朝時代的窟院方式，但大部份佛像屬於塑像，有極濃的彩色。雕刻樣式受到後期罽賓的影響，而這些由中國敦煌、雲崗、龍門等塑像繼承下來。繪畫是窟院的壁畫，深受伊朗作風的影響，經由敦煌，而流傳到日本奈良的法隆寺壁畫。

佛教東傳到中國來，始於西漢時期開拓東西貿易路線。因爲北方民族匈奴人威脅到中國，致使西漢計劃經營西域。在漢武帝時，派張騫到西域旅遊，由於這個契機才使西域的物質能運到中國來，且使西域與中國之間出現旺盛的貿易往來。這一來，以西域活躍的商人爲媒介，才使佛教傳到中國來。

西方對西域文化的影響很大，在佛教思想與美術方面也呈同樣的傾向。在初期的中國佛教裡，流行彌勒與阿彌陀佛的信仰，無疑受到西方宗教的影響。西域的佛教美術也傳到中國，給予中國美術不少影響，由於中國早已有了高度文化，來自西方的美術不斷向東滲透之下，也使中國式的佛教美術發生變化了。

佛經漢譯的經過

佛教傳入中國始於楚王英（－七二），接著信仰佛教的人增加了，那麼，佛教若要在中國建立穩固的基礎，就必須要漢譯佛經了。在初期階段，出身西域的僧人在這方面非常活躍，扮演很重要的角色。

東漢時代有知名的安世高和支婁迦讖。安世高原本是安息國的太子，父王一死便趁機出家，通曉阿毘達摩與禪經。從漢桓帝到靈帝時代（一六八－八九），他從事佛經的漢文翻譯。據說他漢譯的經典有『四諦經』、『轉法輪經』、『八正道經』等三十四部四十卷之多。

支婁迦讖出身大月氏，漢桓帝末年來到洛陽，靈帝在位時期漢譯了『道行般若經』、『般舟三昧經』、『首楞嚴經』、『無量清淨平等覺經』等十三部二十七卷。

在魏、蜀、吳三國鼎立時代，江北有曇柯迦羅、康僧鎧、曇諦；江南有支謙，康僧會在活躍著。曇柯迦羅出身中印度，來中國譯出『僧祇戒本』，曇諦出身安息國，到中國譯出『曇無德羯磨』（法藏部的受戒作法）。康僧鎧出身康居，譯出兩卷『無量壽經』。支謙是大月氏人的後裔，自幼歸化中國，跟隨支婁迦讖的門徒——支亮求學，後來翻譯『大阿彌陀經』、『維摩經』、『大般泥洹經』等。康僧會（－二八○）出身康居，從印度搬到交趾（越南中部）去出家，建業年間來中國，之後譯出『六度集經』了。

西晉時代的翻譯家有知名的竺法護。他是大月氏的後裔，出生在敦煌。他在西域得到梵文本，便從敦煌到長安，接著譯出『光讚般若經』、『正法華經』等一百五十四部，三百零九卷之多。

後秦時代首推鳩摩羅什（三四四－四一三）。他的父親是印度人叫做鳩摩羅炎，母親是龜茲國王的妹妹叫做耆婆伽。他七歲出家，九歲跟母親到罽賓學習佛教，之後回到龜茲了。他努力研究大乘，也竭力弘揚大乘，聲名不但遍及西域各國，也遠到中國。

前秦的苻堅久仰他的大名，便派呂光去討伐龜茲、焉耆等地。呂光滅亡龜茲後，捉到鳩摩羅什解回中國途中，乍聞前秦已經滅亡，便自行在姑臧建立後涼國。

鳩摩羅什在這裡住了十多年，直到後秦第二代的姚興討伐後涼，才邀請他去長安（四○一年）。各地前來的人才都來參加他主持的翻譯場合。

他譯出『勝鬘經』、『大品般若經』、『維摩經』、『妙法蓮華經』、『中論』、『百論』、『十二門論』、『大智度論』、『成實論』等七十四部，三百八十四卷之多，同時，他也教導出不少傑出的僧衆。

由此可見，起初都是一群出身西域的學僧在中國譯經界扮演主要角色，之後才慢慢出現中國學僧。同時，開始有些中國僧人爲了研習佛敎而去印度求法，據說也多達好幾百人。但能平安回國者不過四十幾位而已。

在他們的旅遊記裡，現存者有法顯的『佛國記』一卷（『高僧法顯傳』、『大正大藏經』五一）、玄奘的『大唐西域記』十二卷（『大正大藏經』五一）、義淨的『南海寄歸內法傳』四卷（『大正大藏經』五四）等。

第9章

大乘教學的成立與金剛乘的抬頭

夏塔華哈那王朝與佛教

德干地區位在維多亞山脈以南，孔雀王朝時代曾經控制那裡，但在王朝滅亡後，夏塔華哈那王朝的安德拉王國宣告獨立，定都在普拉特休塔那。紀元前一世紀夏塔卡尼王消滅卡琳加王國，統治權從西邊的拿爾瑪達河口起，直到東邊的果達瓦利與庫利休那河口的廣大地區。

紀元後一世紀，西德干地區被塞族人侵略，卡塔米普特拉王再度恢復這塊領土，直到三世紀末仍然維持住這個王國。

這個王朝積極地引入婆羅門教，也同時給予佛教很大的保護。他們跟羅馬帝國來往貿易。故能以商人階層的繁榮爲基礎，在西德干開鑿了許多窟院——拿拿加特、拿西庫、卡爾拉等，結果成了上座部系的據點，尤其是犢子部。在安德拉東部，則以阿馬拉華特等僧院爲中心，讓大衆系諸派得以繁榮。

在庫利休那河中游，有一座龍樹創建的拿加爾玖那康達僧院，等於大乘與大衆系諸派的據點。

龍樹的教學——

龍樹出身德干高原的維達爾巴，起初修習婆羅門的教學，之後遊學到喀什米爾，才精通有部教派。無奈，他仍嫌不夠，便到處找尋大乘經典，不久領悟大乘教理且將它系統化起來。晚年，他回到南印度，得到夏塔華哈那王朝的保護，住在黑峰山，直到後來死在拿加爾玖那康達僧院裡。終其一生。

他留下許多著作，主要有『大智度論』、『中論』（頌）、『十二門論』、『十住毘婆沙論』等。

『大智度論』只有現存的漢譯本（一百卷，四〇二―五年由鳩摩羅什譯、『大正大藏經』二五），而這是對『大品般若經』的一本註釋。

本論引用各種大乘經典與部派學說，逐字解說教義、傳說和教團，網羅得很豐富，從大乘的立場整理成一本百科全書的體裁。「本論」的存在，證明他的教學立足於般若的空思想上面。

※近年來，有人說本論有別人的加筆補述，且也有人以爲『大智度論』與『十住毘婆沙論』的作者另有其人。

『中論(頌)』(Madhyamaka－kārikā)是梵文本，除了藏文譯本外，漢譯有四卷『中論』(四〇九年鳩摩羅什譯，青目釋、『大正大藏經』三〇)，內容有二十七品，四四八偈(漢譯與藏譯四四五偈)。本論開宗明義就主張要先理解佛教的根本——緣起時，一定要透過不生、不滅、不常、不斷、不一、不異、不來和不出等八不，來排除固定觀念才行。

那麼，就站在這種立場指出：緣起者(諸法)，一切皆空(無)也。它的根據是：諸法無自性(沒有實體)也。

換句話說，緣起＝無自性＝空，即是諸法的實相。但要表示：「諸法是空」，並非設定空所以存在，其實空也是空。爲了教導衆生，因爲要藉著語言來表示，那麼，這個「空」不過是「假說」或假名罷了。這樣一來，只有中道——脫離有(存在)與無(空)的兩個極端——才是究極的立場。脫離言語表達的究極立場，被龍樹取名爲第一義諦(眞諦)，而把諸法看作有的假設立場叫做俗諦。雖然，佛陀藉這兩諦來說法，但若不用言語說明(世俗諦)，就不能解說諸法的實相(第一義諦)，再若不根據第一義諦，那麼，涅槃就不能開悟了。

這是龍樹的主張概要。這項中道與二諦說對於後來的大乘教學影響很大。還有他爲了駁倒反對派，就採用一種特殊論法，叫做「普拉桑伽」法。

※脫離有與無兩種極端的「中道」，爲觀四品碞第十八偈的思想，即「中論」命名的由來。天台宗稱它爲三諦偈，即是立論的根據。

『十二門論』只有漢譯本留存（一卷，四〇九年鳩摩羅什譯，『大正大藏經』三〇），但有些學者懷疑那是龍樹的作品。內容有十二門，都在討論一切皆空的意義。還有『十住毘婆沙論』十七卷（鳩摩羅什譯，『大正大藏經』二六）有三十五品，都在解說『華嚴經』的十地。其中從三界唯心的立場，勸人靠阿彌陀佛的信仰那種他力來修行比較容易。

由此看來，龍樹把歷來的大乘思想加以綜合，涉及許多方面的探討，算是很出色的人物。所以，後來中、日兩國佛敎徒都稱他是八宗之祖。他的正統思想由聖天（提婆）繼承了。據說他嚴厲指斥別派論點，以致被外敎徒所殺了。

他的著作有『四百論』（Catuḥśataka）、『百論』（Śataka）、『百字論』（Akṣaraśataka）等。『百論』兩卷（鳩摩羅什譯、『大正大藏經』三〇）在中國跟『中論』、『十二門論』等共稱三論，成爲三論宗的根據。之後由羅睺羅跋陀羅來繼承了。

古普塔王朝與佛教——

孔雀王朝崩解以後，印度北部與中部相繼受盡異族的侵犯，政情一直很不安穩，蔣德拉古普塔（Candragupta 三二〇—三三五）創立了古普塔（Gupta）王朝，定都於帕他利普特拉，而他的兒子名叫薩姆德拉古普塔（三三五—七五）把控制權擴大到印度南北兩部，數百年間持續著摩訶陀王統的統一國家。

王朝復興婆羅門教，把婆羅門的語言——梵文規定爲公用語言，致使文化興盛了。這個時代的文化叫做體系期與古典期文化。

那爛陀僧院舊跡

因爲王朝對待宗教的政策很寬容，致使佛教能夠得到保護，五世紀初，因爲有那爛陀大僧院的成立，才使佛教中心喀什米爾、罽賓被其發祥地摩訶陀恢復起來。據說那爛陀是大小乘兼備的地方。

因爲要跟婆羅門教諸學派（六派哲學）的興隆並駕齊驅，佛教的教學也呈現顯著的進步，雖然人材輩出，但由於教學愈來愈專業，竟加深了佛教跟廣大民衆的鴻溝。以前，大乘指責部派教學太專門化，比丘生活僧院化，不料，而今自己成了教學中心，反而失去這群信仰民衆的支援了。這可以說是佛教在印度的衰退初兆。中國有一位巡禮高僧法顯在五世紀初來參訪印度，也在『高僧法顯傳』裡提到興盛的古普塔王朝時代有關佛教的事情。

在貴霜王朝時代，說一切有部編輯『大毘婆沙論』，確立了教學體系，之後分裂成喀什米爾系和罽賓系，但後者系統出現一位佛學巨匠——世親（四—五世紀），完成一本『俱舍論』。不過，因爲他從經量部的立場來批判有部，致使喀什米爾系不承認它，便藉衆賢的著作——『順正理論』八十卷（六五三—五四年玄奘譯，『大正大藏經』二九）來反駁了。

經量部是從有部另外生出的一派，我們發現被『大毘婆沙論』指斥爲異說的譬喻師是這個派的先驅。有部很重視阿毘達摩（論），反之，這一派卻重視經，極可能受到大衆部的影響。

他們主張法的假有，建立種子之說，靠色心互薰說來探討業的問題。這支系統出了一位師子冑（訶梨跋摩）、寫過十六卷『成實論』（四〇二—一二年鳩摩羅什譯，

『大正大藏經』二四)。這支系統的思想對於大乘唯識說的成立產生重大的影響。

誠如前述,大乘方面出現第二期的大乘經典,探討了如來藏思想與佛性思想。五世紀完成有『寶性論』(Ratnagotravibhāga)(『究竟一乘寶性論』四卷,五〇八年——勒那摩提譯,『大正大藏經』三一),解說如來藏思想。

瑜伽與唯識的思想——

我們至今尙未明白大乘教團的特性,其間有一團稱爲瑜伽師倒値得一談。他們主要在實踐禪觀,有部裡也有這個系統存在,這一點可從『修行道地經』、『達摩多羅禪經』裡獲悉。這個系統的某些部份受到『華嚴經』的影響,思考出獨特的觀法,同時將這種體驗理論化出來,以爲心的本質可從阿賴耶識裡得到,而這是所謂唯識說。

『解深密經』是這項理論的根本著作,而『瑜伽師地論』正是將它的實踐體系組織化起來。

『解深密經』五卷(六四七年玄奘譯,『大正大藏經』一六)把龍樹所說一切法自性義分成三性:一是遍計所執性(依凡夫迷執所成立的性質),二是依他起性(依緣起生出的一切法,三是圓成實性(從覺悟面看到諸法實相),透過這三性所現的諸法都是心的存在，而依他起性（緣起）即是衆生的心。還有這是遍計所執顯現的種子，不妨叫做阿賴耶識或阿羅耶識。這是輪迴的主體，也是覺悟的基盤。

彌勒出身中印度的阿郁德亞，著有一百卷『瑜伽師地論』（六四六—八年，玄奘譯，『大正大藏經』三〇），集歷來瑜伽師諸說之大成。他在其間讓『華嚴經』的十地說發展出來，透過三乘——聲聞、緣覺、菩薩——等階位將它分類成十七地。一面引用『解深密經』，一面解說唯識說。

另外有『大乘莊嚴經論』、『中邊分別論』、『法法性分別論』、『現觀莊嚴論』等也被人看作他的著作。

彌勒有一位弟子叫做無著，著有『攝大乘論』三卷（五六三—四年，眞諦譯，『大正大藏經』三一，佛陀扇多有異譯本），根據唯識說確立大乘的實踐體系；『大乘阿毘達摩集論』七卷（六五二年玄奘譯，『大正大藏經』三一）把歷來的唯識說用語加以分類和整理。

世親轉向大乘以後，便針對彌勒和無著的作品寫些註釋書，積極宣揚唯識說。他的著作有『唯識三十頌』、『唯識二十論』等，他們的後繼者被人稱爲瑜伽行派或唯識論者。

哈爾夏王朝與佛教——

五世紀末期，與匈奴有親緣關係的埃夫塔爾人侵入印度西北部，歷經脫拉馬納、米希拉古拉兩代才得以控制該地區。米希拉古拉被印度西方的亞夏達爾曼擊退了（五二八年），在埃夫塔爾人的侵犯下，終於迫使帝國分裂，最後也被滅亡了。

米希拉古拉猛烈地破壞佛教，遍及喀什米爾全部地方，許多僧院被破壞，連出家人也紛紛被殺害了。因此，當地的說一切有部暫時陷入滅亡狀態了。這次衝擊就是使佛教徒生起末法思想的原因。我們推斷兩卷『蓮華面經』（五八四年那連提耶舍譯，『大正大藏經』一二）就是透過這種體驗而完成的內容。

七世紀初葉，戒日王（六〇六—四六）統一北印度，定都於卡奴亞庫普夏，致力於文化的復興，可惜戒日王死後，王朝也隨著崩潰，而陷入分裂狀態了。

唐玄奘這位中國高僧參訪印度（六二九—四七）時，正逢戒日王在世，玄奘在『大唐西域記』裡報導自己當時所見所聞的佛教狀況。當時，佛教以那爛陀爲中心，不但瑜伽行和中觀兩派都興盛，連有部、經量部和正量部等也有。

當時完成的『入楞伽經』（漢譯『入楞伽經』十卷，五一三年菩提流支譯，『大正大藏經』一六），把如來藏跟阿賴耶識等量齊觀，看作同一物，企圖融合一起。還有一卷『大乘起信論』（有人不以爲是馬鳴的作品。五五三年眞諦譯，『大正大藏經』三二）。

世親以後，那爛陀僧院的教學以唯識說爲主流，分成兩派：一派是德慧與安慧（四七〇—五五〇左右）的無相唯識派；另一派是陳那（四二〇—五〇〇左右）與無性的有相唯識派；反之，六世紀成立以『中論』爲依據的中觀派，結果培養了佛護（四七〇—五四〇左右）與清弁（四九〇—五七〇左右）的人物。前者強調龍樹的「普拉桑伽」論法，所以被人稱作普拉桑基伽派；後者對抗唯識說，確立一套獨自的主張，就叫做司華當脫利卡派。

另一方面一支正理學派也在成立，專門研究婆羅門教學的論理，瑜伽行也採用與他們一致的論理說（宗、因、喩、合、結等五分作法），才稱爲因明。

陳那的著作有：『集量論』（Pramāṇasamuccaya）、『因明正理門論』一卷（七一一年義淨譯、『大正大藏經三二』）、把量（認識手段）限定在現量（直接知覺）與比量（推論）上，改正歷來的五分作法，而提倡宗（命題）、因（理由）、喩（實例）等三支作法。繼他之後，有一位夏卡拉斯華明寫一卷『因明入正理論』（六四七年玄奘譯，『大正大藏』三二），另一位法稱完成『正理一滴』及『量評釋』（Pramāṇavārttika）等書。

從八世紀以後，瑜伽行的兩派都衰微了，有一位寂天著有『入菩提行論』（Bodhicaryāvatāra）、『大乘集菩薩學論』（Śikṣāsamuccaya）（漢譯有二十五卷，九六三—一〇五八年宋法護譯、『大正大藏經』三二）。

密教的源流及其成長

在久遠與非阿魯雅式的印度河文明那種宗教儀禮和呪術裡，應該可以發現到印度教的源流，這一點雖然沒有疑問，其實密教的素材也一樣存在非阿魯雅文化裡。然而，同樣的素材也應該能在阿魯雅系的文化裡發現的。例如『李古吠陀』上出現的眞言與呪法的讚歌；在『阿塔巴吠陀』、『奧義書』上也有相當多比重的呪文與呪法。這可以看作阿魯雅文化裡陪伴有土著文化的攝取成分。

婆羅門的宗教儀禮很重視呪術，而佛陀一開始就否定這方面，這也是初期佛教教團的基本特性之一。

這是因爲佛教的主要支持階層都以都市爲基盤，而不必像以往一樣必須依靠呪術性的農村社會。不過，在佛教滲透到氏族制的農村社會那段過程時，即使佛教初期的教團對待呪術採取嚴格的態度，但也逐漸開始軟化了。護身用的呪文如帕利塔就是其中一例。

雖然阿育王嚴厲抑制呪術性的宗教儀禮，但自孔雀王朝崩潰後，由於普休亞米特拉的婆羅教已經復興，致使他們的呪術氣氛急激濃厚起來。在印度教的形成過程中，因爲婆羅門教的宗教儀禮中包攝了土著信仰，而這也大大刺激了大乘佛教，所以，佛教經典也增加了儀禮、呪術和神秘主義色彩。

在製作佛像，或佛像前供養香華，且在誦讀陀洛尼等儀禮的導入，甚至把陀洛尼插入大乘經典中，還有佛教寺廟也擺上印度的神，規定要對這些尊神誦讀陀洛尼和供養法，都是隨時可見的例證。

公元四七五年，西羅馬帝國滅亡時，印度與西方的貿易斷絕了，致使印度的貨幣經濟破綻百出，連帶一向支持佛教的商業社會也跟著沒落了。這一來，反而使印度教得到發展，因爲他們一向把基礎建立在農村社會上，爲了對抗這種情勢，也使佛教更加強秘密與儀禮的色彩了。

帕拉王朝與金剛乘——

戒日王死後，印度又陷入分裂狀態，比較大的王朝有德干地區的拉休特拉庫塔王朝（七五〇—九七五左右），從此印度到西印度的普拉特哈拉王朝（七五〇—一〇〇〇左右），貝卡爾歐利莎的帕拉王朝等。

普拉特哈拉王朝是由來自印度西北部那群不同民族混血的子孫創建的，他們稱作拉吉普特人，定都於伽奴亞克普家，對待印度的傳統宗教很忠實，但對佛教沒有好感。

因此，佛教中心就移往當時商業與貿易根據地——西印度與卡特阿瓦魯半島的瓦拉比去了。

八世紀中葉，貝卡爾地方興起了帕拉王朝，控制地區直到恆河上游，定都於帕塔利普特拉。這個王朝直到十二世紀中葉還能維持控制權，憑一貫立場在保護佛教。該王朝的創始人叫做果帕拉（七五〇—七〇左右），曾在摩訶陀建造一座歐當塔普利寺。接著，達爾馬帕拉（七七〇—八一〇左右）曾在恆河岸邊建立一座威庫拉馬西拉寺。這是印度史上最龐大的僧院，除了佛教學以外，也很廣泛地涉及一般印度古典的研發。當時，佛敎教學以密敎爲中心，那爛陀、歐當塔普利、威庫拉馬西拉都是他們的據點。之後有德瓦帕拉（八一〇—八五〇左右）在帕巴爾普爾重建特萊庫塔拉寺（名叫梭馬普利寺）、拉馬帕拉曾在貝加爾地方建造加伽達拉寺、德威可塔寺、龐特塔寺，成爲密教修學中心。

七世紀後半期，完成『大日經』七卷（六八三—七二七年善無畏、一行共譯，『大正大藏經』一八）和『金剛頂經』三卷（七五三年不空譯、『大正大藏經』一八）。叫做眞言乘（Mantrayāna），就是後來中國、日本眞言密教的依據。

在同世紀末期，歐利莎的桑巴拉王叫做印德接普特（六八七—七一七？）創設了金剛乘（Vajrayāna）。這是印度教男性神與女性神的關係改換成佛敎式的東西，即智慧（女性）與方便（男性）的混合，它以瑜伽形式說明男女性愛是最大快樂，可到普賢的境界。由此可見，金剛乘的瑜伽跟性行爲是一致的。

所以，大家把他們當做左道密敎，用來區別眞言乘的右道密敎了。印德拉普特的妹妹叫做拉庫休米卡拉，不久改變哥哥的思想，而自行創立莎哈賈乘（Saliajayāna）。又有一派在十世紀從金剛乘分支出來，叫做時輪乘（Kālacakrayana），他們信仰本初佛而求得解脫，這是時輪乘的主張。

有一位金剛乘與時輪乘的辯論師名叫艾特夏（九八〇—一〇五二）是威庫拉馬西拉寺的頭子，曾於一〇四二年受聘於西藏王而到了西藏去，結果復興了西藏佛教。

塔拉菩薩像

回教入侵——

七世紀前半，回教首創於西亞，不久逐漸向東方傳播，以至建立了回教教團。阿富汗的伽斯尼王朝在九八六年以後開始征服印度，直到一〇二七年一直控制北印度的西半部。他們遠征的目的想要迫使異族改信回教，並且要劫奪奴隸和產物。因此，佛教與印度教的寺院、聖地幾乎都遭到破壞，寶物紛紛被搶去，僧尼也被虐殺了。

後來興起的果爾王朝消滅伽斯尼王朝，同時在一一七五年以後又征服帕賈普、庫加拉特，一二〇二年終於擴大統治權到貝加爾灣。一二〇三年，以威庫拉馬西拉寺爲首的許多佛教寺院紛紛被回教徒破壞了。結果，許多僧尼也陸續逃往西藏、尼泊爾和南印度去。當時，儲藏在威庫拉馬西拉寺的許多典籍都被帶到西藏，成了現在西藏大藏經的基本。

南印度的佛教——

佛教在印度的滅亡，一般都認爲十三世紀初葉，起於回教徒破壞威庫拉馬西拉寺院的情形。但在南印度後來縱使佛教微乎其微，至少還能保存佛教命脈的證跡。

佛教在馬哈拉休特拉、安德拉普拉德休等地的展開，已如上述非常發達，但在麥梭爾一帶很稀少。大家知道卡爾拿塔伽從紀元前三世紀起到紀元後十三世紀都有佛教在流通，但在南卡爾拿塔伽卻缺少有關佛教的痕跡，所以，我們可見從吉特拉多爾伽地方的蔣德拉威利起，直到巴拿華西和果卡爾納的沿線北側，是佛教的弘揚地區。不過，西海岸到芒伽洛爾爲止都很衰落。

至於塔米爾地方的傳播情狀，早在阿育王在世有一位瑪希達航渡錫蘭途中，順道靠近時就已經開始了。塔米爾佛教的黃金時代（一—六世紀）狀況，可從塔米爾語文獻、耆那教、印度教文獻裡獲悉。若依據覺音和佛授兩人的話說，巴利佛教的三大中心地是：康吉、卡威利帕塔那、瑪特拉。在『剛達瓦薩』上記載南印度有十位教師，二十位教師（五—十二世紀）曾用巴利文寫書。還有卡亞尼的塔來語記錄上也有南印度的佛教教師（一二世紀）在內。

緬甸王譚馬傑特（一四七二—九二）的卡亞尼刻文（一四七六）有賈帕達的記事。他在阿那烏拉塔（一〇世紀）時回到緬甸，同行有五位佛教學者。其中兩人阿難與羅睺羅都出身於卡吉普拉姆。

龐多亞的達爾馬琪特（一三世紀）受帕拉庫拉馬帕夫二世（一二三六—六八）之邀而得到保護。他在錫蘭主辦佛教徒的結果，編輯了『達塔瓦莎』和『傑拉瓦莎』。

佛教傳向塔米爾之後，緊接著耆那教徒和邪命外道也紛紛去傳道，他們結合地方的婆羅門來妨害佛教徒，結果使佛教教團起了紛爭。起先佛教有大乘與小乘之分，之後又衍生出金剛乘、眞言乘、譚特拉乘；比丘在教團內生活墮落，頗受社會的批評，惡名昭彰，引起了公憤。不過，佛教美術品的創作依舊持續不斷，直到十七世紀在塔米爾地方仍有佛教存在。

第10章

現代社會與佛教

觀點的設定——

我在上面概觀了一下佛教在印度的生滅史。我在書後增加一章，旨在敘述若干管見，那就是佛教史上某些理念怎樣適應現代社會？並對新社會的創建有什麼提示？

在佛教傳播的過程裡，我們可從佛教開展出來的樣相中指出兩種要素：一是佛教在各個社會裡到底怎樣適應的呢？二是佛教在各個社會裡如何主張自己的獨特性呢？這兩種要素相互間有密切的關係，佛教史可以證明兩者只要缺少任何一種，都不可能充分開展出來。

印度有傳統的婆羅門宗教和文化，而佛教以一個對抗的沙門宗團而起來。基本上，初期佛教的出家人都選擇遊行者的生活方式，從婆羅門社會形成獨立的生活共同體（僧伽），透過教團法得以維持秩序，這足以表示佛教在發生期的印度社會，面對新動向會呈現相當的適應性。

但是，釋尊所主張的中道——脫離愛欲（享樂主義）與苦行（苦行主義）的兩項極端——卻意謂佛教對自己的獨特性有充分的信心。再說中道的立場是超越歷來依存婆羅門那種傳統思想，和新抬頭那種革新思想之間的對立。只有這兩種要素能夠保持平衡，佛教才有飛躍性發展。大乘思想的發生也一樣。

反之，當婆羅門教以印度教的姿態復興起來時，佛教就不再扮演傳統婆羅門教的批判者角色了，改爲接近它，以至到本質上幾乎不可能有區別的程度，終於融合印度教而成立了金剛乘。由此可見，因爲佛教要極端適應社會（迎合時代），而忘記自己獨特的主張（佛教的基本立場），結果使佛教在印度教中消滅了。這就是兩種不均衡，致使佛教衰退的一項例子。

這樣看來，佛教的適應性與獨自性兩種要素有密切的關係，才使佛教的發展與衰退結合起來。所以，若要探究佛教在現代社會的存在性，找尋它在下個時代的新適應性與獨自性，就有必要設定一種可能如願的觀點了。那就要馬上返回佛教的源泉，在長達兩千幾百年的佛教史潮流裡，找到那些不變的普遍眞理才行。

佛教的基本立場——

紀元前六世紀，一群沙門可說是革新的宗教領袖，有人仰賴布施得以生活，而這種生存基礎即是採取食物，但沙門在這方面反其道而行，意謂對婆羅門社會的反抗。他們獨立居住在森林裡，不幹殺生，只從植物中找尋必要的食物。還有他們都沒有結婚成家，亦無財產，全心在苦行，這跟利慾社會裡貪婪心重的婆羅門司祭們完全相反。婆羅門主張純粹的血統，自認在階級制度擁有最高的地位。反之，沙門的共同體不問大家的階級與身份，只承認他能不能入團。

初期佛敎的出家人也繼承沙門所秉持的基本態度。換句話說，他們居無定所，到處雲遊，偶而在森林裡修行，偶而靠遊化和乞食保持基本生活。但是，他們不事生產與遊化的生活態度，在當時的社會狀況下有它的意義存在，任何時代的任何社會都得有它必須適應與普遍的生活態度，這樣即時斷定會有問題留下來。

例如，南傳的上座佛敎目前仍舊嚴守古代的戒律。出家的生活方式跟在家不一樣，結果會使世俗人對他們生出神聖意識和尊敬態度。但在另一方面，上座佛敎的保守態度會妨礙當地社會與國家的近代化，而這也是不爭的事實。

日本從明治以後，僧侶都肉食，且娶妻生子，有關這一點有人贊成，也有人反對，但在探討這件事以前，應該有必要識別一下什麼是宗敎本質的東西；什麼是派生之物？這個問題已在佛陀在世時代討論過了。

如果依據佛敎的傳說，提婆達多曾經煽動摩訶陀國的阿闍世王子去幽禁自己的父王——頻婆沙羅王，且篡奪了王位，而提婆達多自己企圖取代佛陀擔任敎團的團長。

當時，他跟自己志同道合的修行人提出了「五法」，反被佛陀呵斥一陣，結果迫使他離開教團，自創另一宗派。

當時，出家人的住處相當於僧院的形成過程。從遊化到定居生活的轉變過程雖然緩慢。但也形成於初期的僧伽時代。那麼，僧伽即是遊化者共同的獨立組織。這樣組織化的傾向在律的形成之際，出家人不是遊化者的團體，而是邁向定居那種修道僧侶的社會進步。提婆達多那一分派是希望維持原來的生活方式，反抗出家生活的定居化與住所的僧院化。

佛陀聽完提婆達多的「五法」主張後，毅然答說：

「提婆達多呵！到自己喜歡的地方住在森林也好，住在村莊也好，乞化也好，接受招待也好，身披糞掃衣也好，接受居士衣也好。」

總之，佛陀不答應對方的五法條件了。這就表示出家人生活應該跟同社會生活條件的變化而改變才對。意謂不僵硬地維持保守的立場，應該適應新時代和社會變化才對，而這即是佛陀的指示。

在佛陀的教法裡，包括普遍與特殊兩種性質的東西。特殊東西是指應該適應時代需要的內容，而很難說那種內容能夠適合任何時代。反之，普遍性的內容是超越時代的理念，不問時間和場所，都能成爲所有衆生的指針。

佛陀以後，佛教在印度就變成初期佛教、部派佛教、大乘佛教、密教等不同形態了。還有中國的佛教也一樣，日本的佛教也有奈良佛教、平安佛教、鎌倉佛教等不同形態。但是，佛教也有一種不變的普遍理念可以超越這些教理與實踐方法的差異。只要這項理念存在，佛教就可能以宗教姿態持續它的生命，給予衆生精神糧食。大家可不要誤把外表的、派生的東西當作佛教的本質。

統一的論理

若依『小乘涅槃經』說，佛陀開示自己入滅後，教團要以「自己」和「法」做皈依。那麼，爲何要皈依「自己」和「法」呢？佛陀說：

「關於身、受、心、法每一種都要熱心觀察，自覺思慮，深住下去，應該排除對這個世界的貪欲與憂愁。」

這種法的普遍化與法對僧伽的權威，在『涅槃經』的後面部份跟所謂無教主的宣言有表裡關係。佛陀對庫西拿拉一位名叫須達的遊化者說完法後，便對阿難說：

「你們也許以爲『師父不再說話了，我們沒有師父了』，你們不應該這樣想。我平時所說、所教誨的法與律，我死後就是你們的師父。」

由此可見，佛教教團那種無教主狀態，便靠他們把法放在教主地位來解決。這表示教團的存在方法——必須要以法爲中心才對。

佛陀入滅後，衆生只有透過經典，即佛陀的遺留法來親近佛陀了。因此，「法的集成」（dharma－kāya）便是後來表達佛陀的眞理實體「法身」（dharma－kāya）所展開的工作。

皈依法是跟皈依法身——經典有關連，同時也是皈依法所開顯那種皈依佛陀的具體表現。誠如『彌蘭陀王問經』說：

「大王呵！這樣看來，看見法就等於看見世尊。大王呵！因爲法是世尊所說的東西。大王呵！這樣看來，世尊是在無餘涅槃界呈現般涅槃。這裡那裡都不能表示實在的世尊。但是卻能透過法身來表示世尊。」

以上這段可以表示法身觀開展過渡期的一面。

透過經典來看佛身這種原初的法身觀，可以說在『法華經』上得到繼承，且到達了頂峰。誠如法師品上說：

「抄寫這個法門，再把這部經卷扛在肩上的人，等於肩上扛起如來。」

再如壽量品上說：

「神、人、阿修羅一起住在世間，都以爲：『世尊釋迦牟尼如來坐在菩提道場，領悟了無上正等正覺』。但是，你們可不應該這樣看，事實不是這樣，善男子呵！自從我領悟無上正等正覺以來，因爲百千俱胝那由他劫（近乎無限時間）已經過去了。」

這是開顯一種久遠實成的本佛。至於說到過去燃燈佛那些諸佛的滅度都是方便說，其實也是明示常住不滅的法身。

再說大乘經典裡有些敘述法身的內涵，例如『華嚴經』、『勝鬘經』、『大乘涅槃經』等是。但是，『法華經』的法身說，誠如上述，有一項特色是以同樣思考形式使原始聖典的原初法身觀能夠發展起來。在這種限度內，『法華經』不妨看作跟原始聖典直接連繫，也不妨看作它呈現了這些意圖。

法身是佛陀覺悟那種立場的教法，若站在衆生的立場來看待它時，便會發現教法有種種差別。那意謂差別是理所當然（佛陀適應聽衆的能力，而變化教法形式所使然）。那麼，這要怎樣統一許多異法呢？一定要有一套論理才行。積極處理這個問題的是：『法華經』的「開會」思想。這一點正是其中方便品所說的理念，叫做開三顯一，或開權顯實，法華以前的三乘（菩薩乘、緣覺乘、聲聞乘）教法，當作一種方便（權）教法，使它能歸會於眞實的一佛乘，才是它的主要著眼點。

總之，除了認同三乘各有存在價值，也同時包括在一佛乘裡，其間要主張自己的立場，也同時承認其他立場，而這種互讓精神的育成與實現，乃是眞正的期待。開會可說是佛陀那套中道思想的積極發展，把佛教適應於現代社會的論理或方法。

僧伽與社會

印度在紀元前六世紀時，形成專制君主的國家，自由共和制國家被強大的王國併吞起來，輾轉落魄的庶民和奴隸就在專制君主的收奪和強制勞作之社會環境下出現了；這時候，一群革新派思想家——沙門爲了追求自由，便紛紛去出家，以致形成一種獨立的新社會。這種共同體沿著昔日共和制國家的名稱而叫做僧伽或伽那（都意謂和合衆或共同體），他們依靠教團法規自治地運營起來。

但是，這些遊行者的共同體，依靠自己導師的指導能力也會有若干變動，因此，他們一定要預防分裂的發生。在這種情狀下，佛教就要有非派閥的傾向。意謂他們靠法的普遍化，企圖維持教團的和合。『律藏大品』上說：「把無上正等覺現等覺了」，其所以把佛陀稱為「正等覺者」，意謂佛陀悟出來的法，是超越每個僧伽的普遍法。那麼，它跟初期教團那種四方僧伽的理念形成了一連串的關係。

在四方僧伽的理念背景下，必須以地域性現前僧伽的開展為前提，而這表示僧伽的兩重結構。現前僧伽意謂現在這個地方成立的僧伽，住在同一界，同時進行布薩（一個月兩次的反省集會），自恣（雨季定居生活結束時舉行的反省集會）的一群和合僧（和平的教團）。

所以，凡被設定的界就成了僧伽成立的地域單位，那些僧伽站在這個界上便可以自治運作，因此，各個界可以說是各個僧伽的獨立。反之，四方僧伽包攝整個教團，且現前僧伽的基礎——僧伽有堅強的理念特性。

總之，從一派遊行者那種小原始僧伽發展成的初期教團，超越地域性那種個個的現前僧伽，皈依普遍的惟一之法，以一個教團姿態計劃它的和合。依我看，這些狀況能給宗教教團與社會之間的關係，教團組織的地域性與統治問題方面一項觀點。

其次，佛教僧伽從遊行者一派發展到唯一教團的過程裡，跟統制僧伽規定的集成——律的體系化並駕齊驅之餘，統轄僧伽機能的僧伽羯磨發達起來，而這一點是必須注意的事。羯磨本來意謂行為，但在此用作一種決定與執行的機關——對僧伽各種行事、行政和人事等一切議事。

我認爲僧伽羯磨的運作態度，無疑給予個人在社會的存在，和維持社會和平上某種理念。社會是我們的生存場合，它是由其中成員那種複雜的人際關係所組成的。初期佛教在現實生存上到底根據什麼起來的呢?這不妨藉「緣起」來說明。

因爲有A的存在，才會生起B的存在，這不是說明——把A當作根元才生出B——這種因果關係的生成過程，而是意謂——因爲認同B的存在，就必須有的存在——這種條件。這種條件叫做「緣」，靠緣才能出現一切的現實存在，而這種解說叫做「緣起」。這意謂一切存在建立在相互關係上面，而不是獨立存在的情形。

這種想法教誨我們：組成社會的個人相互有關係。藉此說明別人的存在價值跟自己一樣，承認這個事實在於抑制獨善性思想，並在相互理解與讓步之中，就必須實現社會和平。怎樣實現和持續社會和平呢?初期佛教教團裡也關心這種事。在佛教僧伽裡，一切狀況都超越出身人種和階級，大家的地位平等。佛陀指示自己入滅後不是靠絕對權威統治教團，而是要皈依「自己」和「法」。因此，「法」是叙述僧伽生活的基本精神，記載生活規則即是「律」，僧伽要遵守法與律，故要求大家努力和自發地抑制任何違反法與律的行爲。那麼，僧伽的 運作要靠僧伽羯磨來進行了。

至於僧伽成立的條件，只要集合四位以上的比丘就有可能，相同意見的比丘們從反對意見比丘們那裡分立出來而形成新的僧伽時，等於不抵觸規定的合法行爲。因此，在佛教僧伽裡，即使可能把犯罪者從一個僧伽裡驅逐出來，但是，他們可以形成新的僧伽而自認爲佛教徒，基於這種規矩，致使不存在離開佛教的破門狀況。這些事例除了能避免教團和平遭到破壞，也可說能達到下列的理想——讓絕對自由與平等在僧伽裡落實。

在社會發生各種對立抗爭的今天，有人忘了國家發展與國民福利，把國會議場當作黨派抗爭的場面，希望這種僧伽羯磨的運用態度能給予他們反省與解決的啓示。人際關係在對立抗爭的社會上，對於社會機構發展得愈多樣化，就會變成愈深刻的情形。那麼，佛教的緣起觀對於這種問題會有些說服力才對。

戒與實踐倫理

初期佛教的比丘以「釋子沙門」的姿態，跟遊行者的其他宗派產生區別時，佛陀的教法也以「釋子之法」的面貌跟其他宗派的法有所區別。在印度社會裡，一般性的法即意謂阿魯雅共同體的成員，一個階級的成員或特殊生活階梯裡的某人身份之特權、義務與責任。

在佛教產生期間，沙門的教法也提到人類必須遵守的項目叫做法。所以，佛陀的教法也叫做法，就這一點來說，那是以當時出家人的共同習慣法爲基礎的。

在佛教的原始聖典裡，例如『梵網經』所說的小戒、中戒和大戒，大概跟『沙門果經』所說「聖的戒蘊（戒的聚集）」一致的。戒是意謂「善的習慣，善的行動」，並希望比丘能自動自發丟掉那些違反戒律的行爲。那麼，小戒開宗明義記載「殺生、不盜、非梵行（男女交合）、妄語」，也跟佛教『戒經』裡的最重罪——四波羅夷法（逐出教團的重罪）一致，還有在家信徒必須遵守的五戒也包括在內。

由此可見，佛教的戒律是立足在當時印度社會的共同習慣上面，也意謂一個人連社會的法都不能遵守時，就沒有入團的資格了。

一般來說，因爲律的條文制定都出自佛陀，所以不允許廢棄曾經被制定的律。不過，由於社會變動劇烈又迅速，促使比丘的生活環境產生變化，當然也會有不適當的律了。第二結集的傳說裡有人提倡「十事」，主張把律上的詳細規定成爲「淨法」，對於違法行爲給予合法性。所以，我們推測有關淨法的爭論背後存在兩個抗爭團體，一是對於律的規定採取寬大立場的持法者，二是採取嚴格立場的持律者。

信仰與實踐之道

雖說佛陀指示自己入滅後，弟子們應該皈依「法」，但對於在家信徒而言，忍不住非常懷念佛陀的人格。曾經規定在家信徒可以建立和供養佛舍利塔，可見崇拜佛舍利的習慣早就有了。例如，阿育王建立佛塔的事蹟，影響巨大，流風所及遍達整個印度。憧憬佛陀的心不能自抑，自然希望有偉大的救世者出現，並想讓這種理想人物具現化出來。信仰過去佛和未來彌勒佛的情形也出現了。大家懷念佛陀是一位偉大的救濟者，這種思念感情不久就一定把佛陀想像成「圓滿人格」了。

爲了完成這項目的，佛陀的傳記文學在稱讚佛陀的威德之餘，自然會把佛陀潤飾成一位超人。這樣一來，佛陀就從「人間佛陀」一躍爲神格化人物了。

人生充滿苦惱的原因何在呢？佛陀一直尋求解答，結果發現原因出自渴愛。於是，他恍然大悟，若要消滅苦惱，就一定要消滅渴愛，而這即是他的理想。接著，他開示八正道是滅苦的方法。對佛陀的根本教法懷有正確的信仰（正見），只有仰賴三業——意（正思）、口（正言）、身（正業）——來完成。

那麼，實踐的場所即是生活（正命），至於實踐過程方面，一定要靠不斷努力

（正勤）和專注（正念）了。對於各種批判都一定要能冷靜反省（正定）才好。八正道是佛教實踐的基礎，它的特色是朝向目標漸漸實踐，日積月累才能如願達到。

原始佛教指出實踐形態可分爲戒、定、慧三學，而這就成爲後來佛教實踐方法的基礎了。還有部派佛教也說人格成就的目標在阿羅漢，爲了如願以償，也指出許多階層性的實踐方法。由此可見，愈要成就圓滿究竟的覺悟，靠凡夫那種懈怠修行是達不到的，非得有繼續努力的精進心不可。何況想要成就佛陀那種結果，更需要長期間的努力了。

因此，就出現一種觀念——不僅現世要努力，還要有過去世的善行，才有成佛果報。這不妨看作奧義書以後，那種依據輪迴——善因生善果，惡業生惡果——而來的業生思想闖入佛教裡了。

現在成佛的果，跟過去善行的因有關係，因此衍生出來的思考形式，可能讓另一種思想發達起來——只要現在累積無限的善行，有了這個因，就會生出將來必能成佛的果報了。不久，這種情形又引出兩類想法，一是把因行的果以「報身」（靠善行果報成佛）方式來表現，二是以「授記」（保證未來成佛）方式所代表的思想。

其次，菩薩思想的發展，爲了救度衆生而表示「願出生惡趣（迷界），便生起一

只要行慈悲、肯布施，也能得解脫，故要皈依和專心誦念諸佛菩薩。

薩修行的幾段階梯。那即是十住（十地）說。他們爲了向一切衆生說教，就規勸俗人

種新思想」——因業生才生出願生。這個系統很重視菩薩的實踐層面，結果也提示菩薩修行的幾段階梯。那即是十住（十地）說。他們爲了向一切衆生說教，就規勸俗人只要行慈悲、肯布施，也能得解脫，故要皈依和專心誦念諸佛菩薩。

永遠佛陀那種法身觀很發達，爲了教化衆生，便使應現的應身思想得以展開，這樣可能出現多位佛的說法，從一時一佛說（信仰一個時代只存在一位佛）脫穎而出，繼而認同三世十方諸佛（信仰過去、現在、未來，所有空間存在許多位佛）的存在，於是，衆生熱烈盼望自己往生到另一個理想世界（淨土），那是不同於娑婆世界（現實）的地方。反之，也出現另一種思想——要在充滿苦惱的娑婆世界實現理想世界。

可見信仰形態也隨著社會變化而有所差異，但純粹皈依專注的立場，不問社會形態怎樣，都永遠不改變。但能追求的解脫形態可分現世與來世兩種。向老人們說來世往生亦無不可，但對年輕人來說，似應在現世刻苦耐勞，享受生活喜悅，積極找尋理想世界才好。

參考文獻（概說書）

〔印度歷史與思想〕

岩本　裕：『印度史』　修道社

中村　元：『印度古代史』（上）、（下）　春秋社

山崎利男譯：『印度古代史』　岩波書店

金倉、塚本譯註：『古代印度與希臘文化』　平樂寺書店

金倉圓照：『印度古代精神史』　岩波書店

金倉圓照：『印度中世精神史』上　岩波書店

中村　元：『印度思想史』　岩波書店

金倉圓照：『印度中世精神史』中　岩波書店

金倉圓照：『印度哲學史』　平樂寺書店

湯田　豐：『印度思想』　第三文明社

辻直四郎：『印度文明之曙』　岩波書店

〔印度佛教史〕

龍山章眞：『印度佛教史』 法藏館

中村 元：『印度佛教』（『講座佛教』三） 大藏出版

佐佐木、高崎、井之口、塚本：『佛教史概說，印度篇』 平樂寺書店

平川 彰：『印度佛教史』上 春秋社

渡邊照宏：『佛教』第二版 岩波書店

金倉圓照：『釋迦』 生活社

增谷文雄：『佛陀』 角川書店

中村 元：『喬達摩．佛陀』 法藏館

水野弘元：『釋尊的生涯』 春秋社

渡邊照宏；『新釋尊傳』 大法輪閣

塚本啓祥：『佛陀』教育新潮社

中村 元：『喬達摩．佛陀』（原始佛教1） 春秋社

中村 元：『原始佛教之成立』（原始佛教2） 春秋社

塚木啓祥：『阿育王』 平樂寺書店

塚木啓祥：『阿育王碑文』 第三文明社
岩本 裕：『印度佛教與法華經』 第三文明社
松長有慶：『密教歷史』 平樂寺書店
松長有慶：『密教之相承者』 評論社

〔印度佛教思想〕

山口 益：『佛教思想入門』 理想社
平川 彰：『現代人的佛教』 講談社
三枝充悳：『印度佛教思想史』 第三文明社
中村 元：『原始佛教的思想』上（原始佛教3） 春秋社
中村 元：『原始佛教的思想』下（原始佛教4） 春秋社
梶山雄一：『般若經』 中央公論社
梶山雄一：『論理的語言』 中央公論社
金剛秀友：『密教哲學』 平樂寺書店

〔佛教聖典（叢書）〕

『南傳大藏經』六十五卷 大藏出版

『大正新修大藏經』百卷　大藏出版
『國譯大藏經』三十卷　國民文庫刊行會
『國譯一切經』一百五十五卷　大東出版
東京大學佛教青年會編『現代人的佛教聖典』　大藏出版
山口　益編：『佛教聖典』　平樂寺書店
中村　元：『佛典』Ⅰ（『世界古典文學全集』六）　筑摩書房
中村　元：『佛典』Ⅱ（『世界古典文學全集』七）　筑摩書房
長尾雅人編『婆羅門教典，原始佛典』（『世界名著』1）　中央公論社
長尾雅人編『大乘佛典』（『世界名著』2）　中央公論社
長尾、梶山監修：『大乘佛典』十五卷　中央公論社

大展出版社有限公司	圖書目錄

地址：台北市北投區11204
致遠一路二段12巷1號
電話：(02) 8236031
8236033
郵撥： 0166955～1
傳眞：(02) 8272069

• 法律專欄連載 • 電腦編號 58

台大法學院 法律學系／策劃
法律服務社／編著

①別讓您的權利睡著了[1]	200元
②別讓您的權利睡著了[2]	200元

• 秘傳占卜系列 • 電腦編號 14

①手相術	淺野八郎著	150元
②人相術	淺野八郎著	150元
③西洋占星術	淺野八郎著	150元
④中國神奇占卜	淺野八郎著	150元
⑤夢判斷	淺野八郎著	150元
⑥前世、來世占卜	淺野八郎著	150元
⑦法國式血型學	淺野八郎著	150元
⑧靈感、符咒學	淺野八郎著	150元
⑨紙牌占卜學	淺野八郎著	150元
⑩ＥＳＰ超能力占卜	淺野八郎著	150元
⑪猶太數的秘術	淺野八郎著	150元
⑫新心理測驗	淺野八郎著	160元
⑬塔羅牌預言秘法	淺野八郎著	200元

• 趣味心理講座 • 電腦編號 15

①性格測驗１	探索男與女	淺野八郎著	140元
②性格測驗２	透視人心奧秘	淺野八郎著	140元
③性格測驗３	發現陌生的自己	淺野八郎著	140元
④性格測驗４	發現你的真面目	淺野八郎著	140元
⑤性格測驗５	讓你們吃驚	淺野八郎著	140元
⑥性格測驗６	洞穿心理盲點	淺野八郎著	140元
⑦性格測驗７	探索對方心理	淺野八郎著	140元
⑧性格測驗８	由吃認識自己	淺野八郎著	160元

⑨性格測驗9　戀愛知多少　淺野八郎著　160元
⑩性格測驗10　由裝扮瞭解人心　淺野八郎著　160元
⑪性格測驗11　敲開內心玄機　淺野八郎著　140元
⑫性格測驗12　透視你的未來　淺野八郎著　160元
⑬血型與你的一生　淺野八郎著　160元
⑭趣味推理遊戲　淺野八郎著　160元
⑮行爲語言解析　淺野八郎著　160元

・婦 幼 天 地・電腦編號16

①八萬人減肥成果　黃靜香譯　180元
②三分鐘減肥體操　楊鴻儒譯　150元
③窈窕淑女美髮秘訣　柯素娥譯　130元
④使妳更迷人　成　玉譯　130元
⑤女性的更年期　官舒妍編譯　160元
⑥胎內育兒法　李玉瓊編譯　150元
⑦早產兒袋鼠式護理　唐岱蘭譯　200元
⑧初次懷孕與生產　婦幼天地編譯組　180元
⑨初次育兒12個月　婦幼天地編譯組　180元
⑩斷乳食與幼兒食　婦幼天地編譯組　180元
⑪培養幼兒能力與性向　婦幼天地編譯組　180元
⑫培養幼兒創造力的玩具與遊戲　婦幼天地編譯組　180元
⑬幼兒的症狀與疾病　婦幼天地編譯組　180元
⑭腿部苗條健美法　婦幼天地編譯組　180元
⑮女性腰痛別忽視　婦幼天地編譯組　150元
⑯舒展身心體操術　李玉瓊編譯　130元
⑰三分鐘臉部體操　趙薇妮著　160元
⑱生動的笑容表情術　趙薇妮著　160元
⑲心曠神怡減肥法　川津祐介著　130元
⑳內衣使妳更美麗　陳玄茹譯　130元
㉑瑜伽美姿美容　黃靜香編著　180元
㉒高雅女性裝扮學　陳珮玲譯　180元
㉓蠶糞肌膚美顏法　坂梨秀子著　160元
㉔認識妳的身體　李玉瓊譯　160元
㉕產後恢復苗條體態　居理安・芙萊喬著　200元
㉖正確護髮美容法　山崎伊久江著　180元
㉗安琪拉美姿養生學　安琪拉蘭斯博瑞著　180元
㉘女體性醫學剖析　增田豐著　220元
㉙懷孕與生產剖析　岡部綾子著　180元
㉚斷奶後的健康育兒　東城百合子著　220元
㉛引出孩子幹勁的責罵藝術　多湖輝著　170元

㉜培養孩子獨立的藝術	多湖輝著	170元
㉝子宮肌瘤與卵巢囊腫	陳秀琳編著	180元
㉞下半身減肥法	納他夏・史達賓著	180元
㉟女性自然美容法	吳雅菁編著	180元
㊱再也不發胖	池園悅太郎著	170元
㊲生男生女控制術	中垣勝裕著	220元
㊳使妳的肌膚更亮麗	楊　皓編著	170元
㊴臉部輪廓變美	芝崎義夫著	180元
㊵斑點、皺紋自己治療	高須克彌著	180元
㊶面皰自己治療	伊藤雄康著	180元
㊷隨心所欲瘦身冥想法	原久子著	180元
㊸胎兒革命	鈴木丈織著	180元
㊹NS磁氣平衡法塑造窈窕奇蹟	古屋和江著	180元
㊺享瘦從腳開始	山田陽子著	180元
㊻小改變瘦４公斤	宮本裕子著	180元

・青 春 天 地・電腦編號 17

①A血型與星座	柯素娥編譯	160元
②B血型與星座	柯素娥編譯	160元
③O血型與星座	柯素娥編譯	160元
④AB血型與星座	柯素娥編譯	120元
⑤青春期性教室	呂貴嵐編譯	130元
⑥事半功倍讀書法	王毅希編譯	150元
⑦難解數學破題	宋釗宜編譯	130元
⑧速算解題技巧	宋釗宜編譯	130元
⑨小論文寫作秘訣	林顯茂編譯	120元
⑪中學生野外遊戲	熊谷康編著	120元
⑫恐怖極短篇	柯素娥編譯	130元
⑬恐怖夜話	小毛驢編譯	130元
⑭恐怖幽默短篇	小毛驢編譯	120元
⑮黑色幽默短篇	小毛驢編譯	120元
⑯靈異怪談	小毛驢編譯	130元
⑰錯覺遊戲	小毛驢編譯	130元
⑱整人遊戲	小毛驢編著	150元
⑲有趣的超常識	柯素娥編譯	130元
⑳哦！原來如此	林慶旺編譯	130元
㉑趣味競賽100種	劉名揚編譯	120元
㉒數學謎題入門	宋釗宜編譯	150元
㉓數學謎題解析	宋釗宜編譯	150元
㉔透視男女心理	林慶旺編譯	120元

㉕少女情懷的自白	李桂蘭編譯	120元
㉖由兄弟姊妹看命運	李玉瓊編譯	130元
㉗趣味的科學魔術	林慶旺編譯	150元
㉘趣味的心理實驗室	李燕玲編譯	150元
㉙愛與性心理測驗	小毛驢編譯	130元
㉚刑案推理解謎	小毛驢編譯	130元
㉛偵探常識推理	小毛驢編譯	130元
㉜偵探常識解謎	小毛驢編譯	130元
㉝偵探推理遊戲	小毛驢編譯	130元
㉞趣味的超魔術	廖玉山編著	150元
㉟趣味的珍奇發明	柯素娥編著	150元
㊱登山用具與技巧	陳瑞菊編著	150元

・健 康 天 地・電腦編號 18

①壓力的預防與治療	柯素娥編譯	130元
②超科學氣的魔力	柯素娥編譯	130元
③尿療法治病的神奇	中尾良一著	130元
④鐵證如山的尿療法奇蹟	廖玉山譯	120元
⑤一日斷食健康法	葉慈容編譯	150元
⑥胃部強健法	陳炳崑譯	120元
⑦癌症早期檢查法	廖松濤譯	160元
⑧老人痴呆症防止法	柯素娥編譯	130元
⑨松葉汁健康飲料	陳麗芬編譯	130元
⑩揉肚臍健康法	永井秋夫著	150元
⑪過勞死、猝死的預防	卓秀貞編譯	130元
⑫高血壓治療與飲食	藤山順豐著	150元
⑬老人看護指南	柯素娥編譯	150元
⑭美容外科淺談	楊啟宏著	150元
⑮美容外科新境界	楊啟宏著	150元
⑯鹽是天然的醫生	西英司郎著	140元
⑰年輕十歲不是夢	梁瑞麟譯	200元
⑱茶料理治百病	桑野和民著	180元
⑲綠茶治病寶典	桑野和民著	150元
⑳杜仲茶養顏減肥法	西田博著	150元
㉑蜂膠驚人療效	瀨長良三郎著	180元
㉒蜂膠治百病	瀨長良三郎著	180元
㉓醫藥與生活	鄭炳全著	180元
㉔鈣長生寶典	落合敏著	180元
㉕大蒜長生寶典	木下繁太郎著	160元
㉖居家自我健康檢查	石川恭三著	160元

㉗永恒的健康人生	李秀鈴譯	200元
㉘大豆卵磷脂長生寶典	劉雪卿譯	150元
㉙芳香療法	梁艾琳譯	160元
㉚醋長生寶典	柯素娥譯	180元
㉛從星座透視健康	席拉・吉蒂斯著	180元
㉜愉悅自在保健學	野本二士夫著	160元
㉝裸睡健康法	丸山淳士等著	160元
㉞糖尿病預防與治療	藤田順豐著	180元
㉟維他命長生寶典	菅原明子著	180元
㊱維他命C新效果	鐘文訓編	150元
㊲手、腳病理按摩	堤芳朗著	160元
㊳AIDS瞭解與預防	彼得塔歇爾著	180元
㊴甲殼質殼聚糖健康法	沈永嘉譯	160元
㊵神經痛預防與治療	木下眞男著	160元
㊶室內身體鍛鍊法	陳炳崑編著	160元
㊷吃出健康藥膳	劉大器編著	180元
㊸自我指壓術	蘇燕謀編著	160元
㊹紅蘿蔔汁斷食療法	李玉瓊編著	150元
㊺洗心術健康秘法	竺翠萍編譯	170元
㊻枇杷葉健康療法	柯素娥編譯	180元
㊼抗衰血癒	楊啟宏著	180元
㊽與癌搏鬥記	逸見政孝著	180元
㊾冬蟲夏草長生寶典	高橋義博著	170元
㊿痔瘡・大腸疾病先端療法	宮島伸宜著	180元
51膠布治癒頑固慢性病	加瀨建造著	180元
52芝麻神奇健康法	小林貞作著	170元
53香煙能防止癡呆？	高田明和著	180元
54穀菜食治癌療法	佐藤成志著	180元
55貼藥健康法	松原英多著	180元
56克服癌症調和道呼吸法	帶津良一著	180元
57Ｂ型肝炎預防與治療	野村喜重郎著	180元
58青春永駐養生導引術	早島正雄著	180元
59改變呼吸法創造健康	原久子著	180元
60荷爾蒙平衡養生秘訣	出村博著	180元
61水美肌健康法	井戶勝富著	170元
62認識食物掌握健康	廖梅珠編著	170元
63痛風劇痛消除法	鈴木吉彥著	180元
64酸莖菌驚人療效	上田明彥著	180元
65大豆卵磷脂治現代病	神津健一著	200元
66時辰療法──危險時刻凌晨4時	呂建強等著	180元
67自然治癒力提升法	帶津良一著	180元

⑱巧妙的氣保健法	藤平墨子著	180元
⑲治癒C型肝炎	熊田博光著	180元
⑳肝臟病預防與治療	劉名揚編著	180元
㉑腰痛平衡療法	荒井政信著	180元
㉒根治多汗症、狐臭	稻葉益巳著	220元
㉓40歲以後的骨質疏鬆症	沈永嘉譯	180元
㉔認識中藥	松下一成著	180元
㉕認識氣的科學	佐佐木茂美著	180元
㉖我戰勝了癌症	安田伸著	180元
㉗斑點是身心的危險信號	中野進著	180元
㉘艾波拉病毒大震撼	玉川重德著	180元
㉙重新還我黑髮	桑名隆一郎著	180元
㉚身體節律與健康	林博史著	180元
㉛生薑治萬病	石原結實著	180元
㉜靈芝治百病	陳瑞東著	180元
㉝木炭驚人的威力	大槻彰著	200元
㉞認識活性氧	井土貴司著	180元
㉟深海鮫治百病	廖玉山編著	180元
㊱神奇的蜂王乳	井上丹治著	180元

・實用女性學講座・電腦編號 19

①解讀女性內心世界	島田一男著	150元
②塑造成熟的女性	島田一男著	150元
③女性整體裝扮學	黃靜香編著	180元
④女性應對禮儀	黃靜香編著	180元
⑤女性婚前必修	小野十傳著	200元
⑥徹底瞭解女人	田口二州著	180元
⑦拆穿女性謊言88招	島田一男著	200元
⑧解讀女人心	島田一男著	200元
⑨俘獲女性絕招	志賀貢著	200元

・校 園 系 列・電腦編號 20

①讀書集中術	多湖輝著	150元
②應考的訣竅	多湖輝著	150元
③輕鬆讀書贏得聯考	多湖輝著	150元
④讀書記憶秘訣	多湖輝著	150元
⑤視力恢復！超速讀術	江錦雲譯	180元
⑥讀書36計	黃柏松編著	180元
⑦驚人的速讀術	鐘文訓編著	170元

⑧學生課業輔導良方	多湖輝著	180元
⑨超速讀超記憶法	廖松濤編著	180元
⑩速算解題技巧	宋釗宜編著	200元
⑪看圖學英文	陳炳崑編著	200元

• 實用心理學講座 • 電腦編號 21

①拆穿欺騙伎倆	多湖輝著	140元
②創造好構想	多湖輝著	140元
③面對面心理術	多湖輝著	160元
④偽裝心理術	多湖輝著	140元
⑤透視人性弱點	多湖輝著	140元
⑥自我表現術	多湖輝著	180元
⑦不可思議的人性心理	多湖輝著	180元
⑧催眠術入門	多湖輝著	150元
⑨責罵部屬的藝術	多湖輝著	150元
⑩精神力	多湖輝著	150元
⑪厚黑說服術	多湖輝著	150元
⑫集中力	多湖輝著	150元
⑬構想力	多湖輝著	150元
⑭深層心理術	多湖輝著	160元
⑮深層語言術	多湖輝著	160元
⑯深層說服術	多湖輝著	180元
⑰掌握潛在心理	多湖輝著	160元
⑱洞悉心理陷阱	多湖輝著	180元
⑲解讀金錢心理	多湖輝著	180元
⑳拆穿語言圈套	多湖輝著	180元
㉑語言的內心玄機	多湖輝著	180元
㉒積極力	多湖輝著	180元

• 超現實心理講座 • 電腦編號 22

①超意識覺醒法	詹蔚芬編譯	130元
②護摩秘法與人生	劉名揚編譯	130元
③秘法！超級仙術入門	陸　明譯	150元
④給地球人的訊息	柯素娥編著	150元
⑤密教的神通力	劉名揚編著	130元
⑥神秘奇妙的世界	平川陽一著	180元
⑦地球文明的超革命	吳秋嬌譯	200元
⑧力量石的秘密	吳秋嬌譯	180元
⑨超能力的靈異世界	馬小莉譯	200元

⑩逃離地球毀滅的命運	吳秋嬌譯	200元
⑪宇宙與地球終結之謎	南山宏著	200元
⑫驚世奇功揭秘	傅起鳳著	200元
⑬啟發身心潛力心象訓練法	栗田昌裕著	180元
⑭仙道術遁甲法	高藤聰一郎著	220元
⑮神通力的秘密	中岡俊哉著	180元
⑯仙人成仙術	高藤聰一郎著	200元
⑰仙道符咒氣功法	高藤聰一郎著	220元
⑱仙道風水術尋龍法	高藤聰一郎著	200元
⑲仙道奇蹟超幻像	高藤聰一郎著	200元
⑳仙道鍊金術房中法	高藤聰一郎著	200元
㉑奇蹟超醫療治癒難病	深野一幸著	220元
㉒揭開月球的神秘力量	超科學研究會	180元
㉓西藏密教奧義	高藤聰一郎著	250元
㉔改變你的夢術入門	高藤聰一郎著	250元

・養 生 保 健・電腦編號 23

①醫療養生氣功	黃孝寬著	250元
②中國氣功圖譜	余功保著	230元
③少林醫療氣功精粹	井玉蘭著	250元
④龍形實用氣功	吳大才等著	220元
⑤魚戲增視強身氣功	宮　嬰著	220元
⑥嚴新氣功	前新培金著	250元
⑦道家玄牝氣功	張　章著	200元
⑧仙家秘傳袪病功	李遠國著	160元
⑨少林十大健身功	秦慶豐著	180元
⑩中國自控氣功	張明武著	250元
⑪醫療防癌氣功	黃孝寬著	250元
⑫醫療強身氣功	黃孝寬著	250元
⑬醫療點穴氣功	黃孝寬著	250元
⑭中國八卦如意功	趙維漢著	180元
⑮正宗馬禮堂養氣功	馬禮堂著	420元
⑯秘傳道家筋經內丹功	王慶餘著	280元
⑰三元開慧功	辛桂林著	250元
⑱防癌治癌新氣功	郭　林著	180元
⑲禪定與佛家氣功修煉	劉天君著	200元
⑳顛倒之術	梅自強著	360元
㉑簡明氣功辭典	吳家駿編	360元
㉒八卦三合功	張全亮著	230元
㉓朱砂掌健身養生功	楊　永著	250元

㉔抗老功	陳九鶴著	230元

・社會人智囊・電腦編號 24

①糾紛談判術	清水增三著	160元
②創造關鍵術	淺野八郎著	150元
③觀人術	淺野八郎著	180元
④應急詭辯術	廖英迪編著	160元
⑤天才家學習術	木原武一著	160元
⑥猫型狗式鑑人術	淺野八郎著	180元
⑦逆轉運掌握術	淺野八郎著	180元
⑧人際圓融術	澀谷昌三著	160元
⑨解讀人心術	淺野八郎著	180元
⑩與上司水乳交融術	秋元隆司著	180元
⑪男女心態定律	小田晉著	180元
⑫幽默說話術	林振輝編著	200元
⑬人能信賴幾分	淺野八郎著	180元
⑭我一定能成功	李玉瓊譯	180元
⑮獻給青年的嘉言	陳蒼杰譯	180元
⑯知人、知面、知其心	林振輝編著	180元
⑰塑造堅強的個性	坂上肇著	180元
⑱爲自己而活	佐藤綾子著	180元
⑲未來十年與愉快生活有約	船井幸雄著	180元
⑳超級銷售話術	杜秀卿譯	180元
㉑感性培育術	黃靜香編著	180元
㉒公司新鮮人的禮儀規範	蔡媛惠譯	180元
㉓傑出職員鍛鍊術	佐佐木正著	180元
㉔面談獲勝戰略	李芳黛譯	180元
㉕金玉良言撼人心	森純大著	180元
㉖男女幽默趣典	劉華亭編著	180元
㉗機智說話術	劉華亭編著	180元
㉘心理諮商室	柯素娥譯	180元
㉙如何在公司崢嶸頭角	佐佐木正著	180元
㉚機智應對術	李玉瓊編著	200元
㉛克服低潮良方	坂野雄二著	180元
㉜智慧型說話技巧	沈永嘉編著	180元
㉝記憶力、集中力增進術	廖松濤編著	180元
㉞女職員培育術	林慶旺編著	180元
㉟自我介紹與社交禮儀	柯素娥編著	180元
㊱積極生活創幸福	田中真澄著	180元
㊲妙點子超構想	多湖輝著	180元

・精 選 系 列・電腦編號 25

①毛澤東與鄧小平	渡邊利夫等著	280元
②中國大崩裂	江戶介雄著	180元
③台灣・亞洲奇蹟	上村幸治著	220元
④7-ELEVEN高盈收策略	國友隆一著	180元
⑤台灣獨立（新・中國日本戰爭一）	森　詠著	200元
⑥迷失中國的末路	江戶雄介著	220元
⑦2000年5月全世界毀滅	紫藤甲子男著	180元
⑧失去鄧小平的中國	小島朋之著	220元
⑨世界史爭議性異人傳	桐生操著	200元
⑩淨化心靈享人生	松濤弘道著	220元
⑪人生心情診斷	賴藤和寬著	220元
⑫中美大決戰	檜山良昭著	220元
⑬黃昏帝國美國	莊雯琳譯	220元
⑭兩岸衝突（新・中國日本戰爭二）	森　詠著	220元
⑮封鎖台灣（新・中國日本戰爭三）	森　詠著	220元
⑯中國分裂（新・中國日本戰爭四）	森　詠著	220元

・運 動 遊 戲・電腦編號 26

①雙人運動	李玉瓊譯	160元
②愉快的跳繩運動	廖玉山譯	180元
③運動會項目精選	王佑京譯	150元
④肋木運動	廖玉山譯	150元
⑤測力運動	王佑宗譯	150元

・休 閒 娛 樂・電腦編號 27

①海水魚飼養法	田中智浩著	300元
②金魚飼養法	曾雪玫譯	250元
③熱門海水魚	毛利匡明著	480元
④愛犬的教養與訓練	池田好雄著	250元
⑤狗教養與疾病	杉浦哲著	220元
⑥小動物養育技巧	三上昇著	300元

・銀髮族智慧學・電腦編號 28

①銀髮六十樂逍遙	多湖輝著	170元
②人生六十反年輕	多湖輝著	170元

③六十歲的決斷	多湖輝著	170元
④銀髮族健身指南	孫瑞台編著	250元

•飲 食 保 健•電腦編號 29

①自己製作健康茶	大海淳著	220元
②好吃、具藥效茶料理	德永睦子著	220元
③改善慢性病健康藥草茶	吳秋嬌譯	200元
④藥酒與健康果菜汁	成玉編著	250元
⑤家庭保健養生湯	馬汴梁編著	220元
⑥降低膽固醇的飲食	早川和志著	200元
⑦女性癌症的飲食	女子營養大學	280元
⑧痛風者的飲食	女子營養大學	280元
⑨貧血者的飲食	女子營養大學	280元
⑩高脂血症者的飲食	女子營養大學	280元

•家庭醫學保健•電腦編號 30

①女性醫學大全	雨森良彥著	380元
②初為人父育兒寶典	小瀧周曹著	220元
③性活力強健法	相建華著	220元
④30歲以上的懷孕與生產	李芳黛編著	220元
⑤舒適的女性更年期	野末悅子著	200元
⑥夫妻前戲的技巧	笠井寬司著	200元
⑦病理足穴按摩	金慧明著	220元
⑧爸爸的更年期	河野孝旺著	200元
⑨橡皮帶健康法	山田晶著	180元
⑩33天健美減肥	相建華等著	180元
⑪男性健美入門	孫玉祿編著	180元
⑫強化肝臟秘訣	主婦の友社編	200元
⑬了解藥物副作用	張果馨譯	200元
⑭女性醫學小百科	松山榮吉著	200元
⑮左轉健康法	龜田修等著	200元
⑯實用天然藥物	鄭炳全編著	260元
⑰神秘無痛平衡療法	林宗駛著	180元
⑱膝蓋健康法	張果馨譯	180元
⑲針灸治百病	葛書翰著	250元
⑳異位性皮膚炎治癒法	吳秋嬌譯	220元
㉑禿髮白髮預防與治療	陳炳崑編著	180元
㉒埃及皇宮菜健康法	飯森薰著	200元
㉓肝臟病安心治療	上野幸久著	220元

國家圖書館出版品預行編目資料

佛教史入門/塚本啓祥著；劉欣如譯
——初版，——臺北市，大展，［1998］民87
面；21公分，——（心靈雅集；58）
譯自：仏教史入門
ISBN 957-557-819-8（平裝）
1.佛教—歷史
228.1 87005540

First published in Japan in 1976 by Daisan Bunmei-Sha
Chinese translation rights arranged with Daisan Bunmei-Sha
through Japan Foreign-Rights Centre/Keio Cultural Enterprise Co., Ltd.
版權仲介/京王文化事業有限公司

佛教史入門

ISBN 957-557-819-8
原著者/塚本啓祥
編譯者/劉欣如
發行人/蔡森明
出版者/大展出版社有限公司
社　址/台北市北投區（石牌）致遠一路2段12巷1號
電　話/（02）28236031・28236033
傳　真/（02）28272069
郵政劃撥/0166955-1
登記證/局版臺業字第2171號
承印者/國順圖書印刷公司
裝　訂/嶸興裝訂有限公司
排版者/弘益電腦排版有限公司
電　話/（02）27403609・27112792
初版1刷/1998年（民87年）6月

定　價/180元

大展好書 好書大展